Gabriele Lorenz

Elternschaft von Menschen mit geistiger Behinderung

Rechtliche Grundlagen und Unterstützungsmöglichkeiten

Diplomica® Verlag GmbH

Lorenz, Gabriele: Elternschaft von Menschen mit geistiger Behinderung: Rechtliche
Grundlagen und Unterstützungsmöglichkeiten. Hamburg, Diplomica Verlag GmbH 2012

ISBN: 978-3-8428-8810-4
Druck: Diplomica® Verlag GmbH, Hamburg, 2012

Bibliografische Information der Deutschen Nationalbibliothek:
Die Deutsche Nationalbibliothek verzeichnet diese Publikation in der Deutschen
Nationalbibliografie; detaillierte bibliografische Daten sind im Internet über
http://dnb.d-nb.de abrufbar.

Die digitale Ausgabe (eBook-Ausgabe) dieses Titels trägt die ISBN 978-3-8428-3810-9 und
kann über den Handel oder den Verlag bezogen werden.

Dieses Werk ist urheberrechtlich geschützt. Die dadurch begründeten Rechte, insbesondere die
der Übersetzung, des Nachdrucks, des Vortrags, der Entnahme von Abbildungen und Tabellen,
der Funksendung, der Mikroverfilmung oder der Vervielfältigung auf anderen Wegen und der
Speicherung in Datenverarbeitungsanlagen, bleiben, auch bei nur auszugsweiser Verwertung,
vorbehalten. Eine Vervielfältigung dieses Werkes oder von Teilen dieses Werkes ist auch im
Einzelfall nur in den Grenzen der gesetzlichen Bestimmungen des Urheberrechtsgesetzes der
Bundesrepublik Deutschland in der jeweils geltenden Fassung zulässig. Sie ist grundsätzlich
vergütungspflichtig. Zuwiderhandlungen unterliegen den Strafbestimmungen des
Urheberrechtes.

Die Wiedergabe von Gebrauchsnamen, Handelsnamen, Warenbezeichnungen usw. in diesem
Werk berechtigt auch ohne besondere Kennzeichnung nicht zu der Annahme, dass solche
Namen im Sinne der Warenzeichen- und Markenschutz-Gesetzgebung als frei zu betrachten
wären und daher von jedermann benutzt werden dürften.

Die Informationen in diesem Werk wurden mit Sorgfalt erarbeitet. Dennoch können Fehler nicht
vollständig ausgeschlossen werden, und der Diplomica Verlag, die Autoren oder Übersetzer
übernehmen keine juristische Verantwortung oder irgendeine Haftung für evtl. verbliebene
fehlerhafte Angaben und deren Folgen.

© Diplomica Verlag GmbH
http://www.diplomica-verlag.de, Hamburg 2012
Printed in Germany

Inhaltsverzeichnis

1 Einleitung 9

2 Definitionen 11
   2.1   Behinderung 11
   2.2   Geistige Behinderung - der Versuch einer Begriffsbestimmung 14

3 Zahlen über Elternschaften bei Menschen mit geistiger Behinderung 19

4 Rechtliche Fragen im Zusammenhang der Elternschaft von Menschen mit geistiger Behinderung 21
   4.1   Das Normalisierungsprinzip 21
   4.2   Übergeordnete gesetzliche Regelungen 22
   4.3   Das Betreuungsgesetz 25
   4.4   Rechtsstellung von Menschen mit geistiger Behinderung 26
   4.5   Elterliche Sorge 28
   4.6   Rechtliche Fragen hinsichtlich der professionellen Begleitung von Eltern mit geistiger Behinderung 30

5 Vorbereitung auf die Elternschaft und Hilfestellung während der Elternschaft 35
   5.1   Methoden, Materialien und Werkzeuge 35
   5.2   Unterstützungsnetzwerke als Hilfen bei der Ausübung der Elternschaft.. 41
   5.3   Hilfen bei der Ausübung der Elternschaft durch die Bundesarbeitsgemeinschaft ‚Begleitete Elternschaft' 43
       5.3.1   Die Bundesarbeitsgemeinschaft ‚Begleitete Elternschaft' 43
       5.3.2   Ziele und Aufnahmebedingungen 44
       5.3.3   Räumliche Ausstattung 44
       5.3.4   Aufgaben und Qualifikation der BegleiterInnen 45
       5.3.5   Rechtliche Grundlagen und Finanzierung 46
       5.3.6   Arbeitsweisen/ Methoden 47
       5.3.7   Schlussbemerkung 51

6　Schlussfolgerungen für die Soziale Arbeit 53

7　Zusammenfassung 57

8　Quellenverzeichnis 59

Anhang 65

Tabellenverzeichnis

TABELLE 1
VERGLEICH ICIDH[1] / ICF[2] 13

TABELLE 2
KLASSIFIKATION DES SCHWEREGRADES GEISTIGER BEHINDERUNG NACH ICD[3]-10 16

TABELLE 3
ANZAHL DER ELTERNSCHAFTEN UND KINDER 20

TABELLE 4
VERGLEICH VON SORGERECHTSENTZUG UND RECHTLICHER BETREUUNG 29

TABELLE 5
FINANZIERUNGSMODELLE FÜR UNTERSTÜTZUNGSMAßNAHMEN GEISTIG BEHINDERTER
ELTERN IN DEUTSCHLAND 32

---

[1] ICIDH: „International Classification of Impairments, Activities and Participation: A Manual of Dimensions and Functioning"
zu Deutsch: Internationale Klassifikation der Schäden, Aktivitäten und Partizipation: Ein Handbuch der Dimensionen von gesundheitlicher Integrität und Behinderung
[2] ICF: „International Classification of Functioning, Disability and Health"
zu Deutsch: Internationale Klassifikation der Funktionsfähigkeit, Behinderung und Gesundheit
[3] ICD: International Statistical Classification of Diseases and Related Health Problems
zu Deutsch: Internationale statistische Klassifikation der Krankheiten und verwandter Gesundheitsprobleme

1 Einleitung

„Eltern werden ist nicht schwer, Eltern sein umso mehr". Wenn zu dieser großen Herausforderung eine weitere hinzu kommt, zum Beispiel in Form einer geistigen Behinderung eines oder beider Elternteile, gilt es eine Vielzahl von Fragen zu klären. Indessen wird eine Elternschaft geistig behinderter Menschen als Tabu-Thema beschrieben und kaum jemand weiß etwas darüber. Dies geht soweit, dass Menschen mit einer geistigen Behinderung im Bereich der Familiengründung zahlreiche Einschränkungen ihrer Menschenrechte ertragen müssen. Während im Normalfall einer Frau zu ihrer Schwangerschaft gratuliert wird, löst die Schwangerschaft einer Frau, die als „geistig behindert" eingestuft wird, in der Regel eher eine ablehnende Haltung aus. In vielen Fällen einer Elternschaft von Menschen mit speziellem Förderbedarf trennt das Jugendamt sofort nach der Geburt die Mütter von ihren *oft gesunden Kindern*. „Nur selten erhalten geistige behinderte Mütter die Chance, ihre Elternschaft auszuüben."[4] Erst in den letzten Jahren wurden neue Studien eruiert und es entstanden Einrichtungen und Methodensammlungen zur Bearbeitung dieses Themas. Grund dafür ist der Wandel durch den Normalisierungsgedanken, die Selbstbestimmung und die Integrationsdiskussion.

Unter Betrachtung dieser Aspekte, ist es das Ziel dieser Arbeit die folgenden beiden Fragestellungen zu klären:

1. Welche rechtlichen Grundlagen gibt es im Zusammenhang mit einer Elternschaft von Menschen mit einer geistigen Behinderung?

2. Welche Unterstützungsmöglichkeiten für Eltern mit geistiger Behinderung gibt es? Erläuterungen am Beispiel der Bundesarbeitsgemeinschaft ‚Begleitete Elternschaft'.

Das Ergebnis dieses Buches soll ein Leitfaden sein, der sowohl Professionellen in Wohneinrichtungen für Menschen mit geistiger Behinderung, MitarebeiterInnen in Beratungsstellen, sowie Eltern und Angehörigen einen guten Überblick über die Elternschaft von Menschen mit geistiger Behinderung gibt. Dabei befasst sich diese Zusammenstellung mit Unterstützungsmöglichkeiten im Falle eines Kinderwun-

---

[4] www.eltern.t-online.de, 23.05.2012

sches, der Schwangerschaft und des Eltern-Seins. Im Anhang werden ausgewählte Methoden zur Bearbeitung des Themas in Gesprächen oder Seminaren zusammengetragen. Außerdem werden die rechtlichen Grundlagen für eine Elternschaft von Menschen mit geistiger Behinderung aufgeführt.

Nicht alle Aspekte können in einer solchen Arbeit angesprochen werden. So verzichtet dieses Schriftstück darauf, den Wandel der Mutterrolle zu thematisieren. Auch Kompetenzen, die für eine Elternschaft notwendig sind, können hier nicht eingebracht werden. Ebenso interessant wäre die ethische Sichtweise unter Einbezug der Vorurteile, die es gegenüber Eltern mit geistiger Behinderung gibt. Dies sind nur einige Aspekte, die das Ausmaß dieses Beitrags jedoch bei weitem überschreiten würden. Dennoch soll an dieser Stelle darauf hingewiesen werden, um den Blickwickel des Lesers zu erweitern.

Der erste Abschnitt dieser Aufzeichnung versucht den Begriff der Behinderung zu definieren. Ich bin mir hierbei durchaus bewusst und möchte aus diesem Grund auch schon an dieser Stelle darauf hinweisen, dass es nicht *den Menschen mit Behinderung* gibt, da jeder Mensch in seiner Persönlichkeit individuell ist. Dennoch werde ich diesen Begriff im Folgenden verwenden, mit dem Bewusstsein, dass zu dieser Gruppe sehr unterschiedliche Menschen gezählt werden. Auch den Ausdruck der sogenannten geistigen Behinderung werde ich versuchen zu bestimmen. Der anschließende dritte Abschnitt befasst sich mit der Epidemiologie. Unter Punkt vier werden die rechtlichen Fragen im Zusammenhang der Elternschaft von Menschen mit geistiger Behinderung geklärt. Weiterhin gibt diese Arbeit Hinweise und Anregungen zur Vorbereitung auf die Elternschaft und zur Hilfestellung für Menschen mit geistiger Behinderung während der Elternschaft. Wie die praktische Umsetzung aussehen könnte, soll am Beispiel der Bundesarbeitsgemeinschaft „Begleitete Elternschaft" erläutert werden. Im letzten Abschnitt befindet sich der Bezug zur Profession Sozialer Arbeit.

2 Definitionen

2.1 Behinderung

Die definitorische und damit allgemeingültige Bestimmung des Begriffes „Behinderung" bleibt trotz seiner alltäglichen und allgemein gebräuchlichen Verwendung schwierig. Der Grund der Schwierigkeit liegt zunächst in der Einzigartigkeit des Phänomens Behinderung. Dabei gibt es nicht *den Menschen* mit Behinderung, wohl aber viele unterschiedliche Ausprägungen organischer Schädigungen und deren geistigen und seelischen Beeinträchtigungen, sowie sozialer Folgen.[5]

BLEIDICK schlägt folgende Definition vor: „Als behindert gelten Personen, die infolge einer Schädigung ihrer körperlichen, seelischen oder geistigen Funktionen soweit beeinträchtigt sind, daß (sic!) ihre unmittelbaren Lebensvorrichtungen oder ihre Teilnahme am Leben der Gesellschaft erschwert werden."[6] An dieser Definition wird deutlich, dass Behinderung keine feststehende Eigenschaft ist, sondern immer von den sozialen Gesichtspunkten und den Lebensumständen des Einzelnen abhängt.[7]

In dem § 2 Abs. 1 SGB IX wird Behinderung folgendermaßen definiert: „Menschen sind behindert, wenn ihre körperliche Funktion, geistige Fähigkeit oder seelische Gesundheit mit hoher Wahrscheinlichkeit länger als sechs Monate von dem für das Lebensalter typischen Zustand abweichen und daher ihre Teilhabe am Leben in der Gesellschaft beeinträchtigt ist. (…)"[8]

In den letzten Jahren vollzog sich ein Perspektivwechsel in den Definitionsversuchen. Nicht mehr die Defizite der Person sind maßgeblich, sondern ihre individuellen Möglichkeiten und die Teilhabe am Leben in der Gesellschaft. Dies wird auch in dem 2001 veröffentlichten Klassifikationsschema „International Classification of Functioning, Disability and Health" (ICF)[9] der Weltgesundheitsorganisation (WHO) deutlich. In dem Vorgänger-Klassifikationsschema ICIDH[10] (1980) wurden die De-

---

[5] Fornefeld 2004, 45 f.
[6] Bleidick 1999, 15 In: Fornefeld 2004, 46
[7] Fornefeld 2004, 46
[8] www.gesetze-im-internet.de/sgb_9
[9] ICF: **zu Deutsch**: Internationale Klassifikation der Funktionsfähigkeit, Behinderung und Gesundheit
[10] ICIDH: „International Classification of Impairments, Activities and Participation: A Manual of Dimensions and Functioning " **zu Deutsch**: Internationale Klassifikation der Schäden, Aktivitäten und Partizipation: Ein Handbuch der

fizite einer Person mit Behinderung beschrieben. Heute kann man in dem neuen Klassifikationsschema ICF die Stärken und die Möglichkeiten der sozialen Teilhabe finden.[11] In der folgenden Tabelle ist die Dimension der Neudefinition durch die WHO zu erkennen:

Tabelle 1 Vergleich ICIDH/ ICF [12]

	ICIDH	ICF
Konzept:	kein übergreifendes Konzept	Konzept der funktionalen Gesundheit (Funktionsfähigkeit)
Grundmodell:	Krankheitsfolgenmodell	bio-psycho-soziales Modell der Komponenten von Gesundheit
Orientierung:	Defizitorientiert: Es werden Behinderungen klassifiziert.	Ressourcen- und defizitorientiert: Es werden Bereiche klassifiziert, in denen Behinderungen auftreten können. Es können unmittelbar positive und negative Bilder der Funktionsfähigkeit erstellt werden.
Behinderung:	formaler Oberbegriff zu Schädigungen, Fähigkeitsstörungen und (sozialen) Beeinträchtigungen; keine explizite Bezugnahme auf Kontextfaktoren	formaler Oberbegriff zu Beeinträchtigungen der Funktionsfähigkeit unter expliziter Bezugnahme auf Kontextfaktoren
grundlegende Aspekte:	• Schädigung • Fähigkeitsstörung • (soziale) Beeinträchtigung	• Körperfunktionen und –strukturen Störungsbegriff: Schädigung (Funktionsstörung, Strukturschaden) • Aktivitäten Störungsbegriff: Beeinträchtigung der Aktivität • Partizipation [Teilhabe] Störungsbegriff: Beeinträchtigung der Partizipation [Teilhabe]
soziale Beeinträchtigung:	Attribut einer Person	Partizipation [Teilhabe] und deren Beeinträchtigung definiert als Wechselwirkung zwischen dem gesundheitlichen Problem (ICD) einer Person und ihren Umweltfaktoren
Umweltfaktoren:	bleiben unberücksichtigt	Umweltfaktoren sind integraler Bestandteil des Konzept und werden klassifiziert
personbezogene (persönliche) Faktoren:	werden höchstens implizit berücksichtigt	werden explizit erwähnt, aber nicht klassifiziert
Anwendungsbereich:	nur im gesundheitlichen Kontext	

---

[12] www.dimdi.de/icf_endfassung

2.2 Geistige Behinderung - der Versuch einer Begriffsbestimmung

Bezeichnen wir einen Menschen als „geistig behindert" und damit in seinem Geist behindert, werten wir damit automatisch sein Person-Sein ab. Dieses Problem ist zwar längst erkannt, jedoch kennt die deutsche Sprache keinen vergleichbaren Begriff. Heute wird versucht dies durch allgemeine Kategoriebezeichnungen, wie Kinder, Erwachsene, Männer, Frauen etc. mit Behinderung zu überwinden, was jedoch nicht ausreichend ist.[13]

Grundsätzlich lässt sich sagen, dass die geistige Behinderung eines Menschen ein komplexer Zustand ist. Dieser bestimmt sich aus dem Wechselspiel seiner individuellen Fähigkeiten und den Anforderungen an seine konkrete Umwelt.[14]

Im Folgenden soll die Definition unter Einbeziehung verschiedener Sichtweisen bezüglich geistiger Behinderung konkretisiert werden. Obwohl jede Behinderung sowohl einen medizinischen, einen psychologischen, einen soziologischen und einen pädagogischen Aspekt haben kann, beziehen sich Definitionen von Behinderungen nie ausgewogen auf alle Aspekte. Aus diesem Grund werden sie getrennt vorgestellt.

Medizinische Perspektive
Die Hauptaufgabe der Medizin ist es, die Ursachen der geistigen Behinderung aufzuzeigen. So können entsprechend mögliche Therapieformen gefunden werden. Bei der Ursachenforschung werden heute auch psychologische und soziologische Aspekte mit einbezogen. Nach NEUHÄUSER und STEINHAUSEN lässt sich die Aufgabe der Medizin in Bezug auf geistige Behinderung folgendermaßen beschreiben: „Ziel der ärztlichen Untersuchung eines geistig behinderten Menschen ist es, Ursachen und Entstehungsgeschichte (Ätiologie und Pathogenese) der vorhandenen Funktionsstörungen aufzuklären. Das gelingt trotz aller Bemühungen nicht immer; es kommt deshalb auch darauf an, in einer Art ‚Bestandsaufnahme' Stärken und Schwächen zu bestimmen (Mehrfachbehinderung) und organisch-biologische und psycho-soziale Grundlagen für erforderliche Bildungsmaßnahmen zu schaffen. Durch frühzeitiges Erkennen einer Behinderung kann mancher ihrer

---

[13] Neuhäuser/ Steinhausen (Hrsg.) 1999 ,11 In: Fornefeld 2004, 50
[14] Thimm 1999, 10 In: Fornefeld 2004, 50

Folgen wirksam begegnet werden".[15]

Eine weitere Aufgabe der Medizin ist die Klassifikation. Hier werden Syndrome beschrieben und kategoriert. Unter einem Syndrom versteht man „(...) das gleichzeitige Auftreten von bestimmten Krankheitszeichen, Symptomen."[16] Kombinationen von Symptomen werden bei einem Syndrom zusammengefasst, da sie ursächlich oder entstehungsgeschichtlich verknüpft sind und somit im diagnostischen Prozess zusammen betrachtet werden müssen.[17]

Laut der medizinischen Sichtweise geht die geistige Behinderung also auf eine organische Schädigung zurück, die das Gehirn direkt oder indirekt trifft. Diese prä-, peri-, oder postnatalen Schädigungen führen zu ganz unterschiedlichen Störungsbildern (klinischen Syndromen). Das Phänomen der geistigen Behinderung reicht beispielsweise von der Genmutation über Geburtstraumen bis hin zu Erkrankungen des Zentralnervensystems und ist damit ein vielfältiges und noch nicht voll erschlossenes Feld klinischer Syndrome.[18] Diese Sichtweise ist jedoch sehr kritisch zu betrachten, wenn man bedenkt, dass etwa 75-80% aller geistigen Behinderungen hinsichtlich ihrer Ursache letztlich ungeklärt sind und somit nur bei einem Viertel eine ätiologische Abklärung gelingt.[19]

Die geistige Behinderung ist kein statischer Zustand, sie kann somit in jeder Lebensphase entstehen. Auch ihre Auswirkungen können sich verändern. Somit können sich die Beeinträchtigungen verschlimmern oder auch mindern.[20]

Psychologische Perspektive
Aufgrund von Funktionsstörungen im Gehirn entwickeln sich Schäden in der kognitiven, motorischen, sozialen und emotionalen Entwicklung, sowie der Lernfähigkeit des Menschen mit Behinderung. Die Erfassung solcher Beeinträchtigungen ist die Aufgabe der psychologischen Diagnostik. Lange stand bei dieser Sichtweise die Beeinträchtigung der Intelligenzentwicklung im Vordergrund, womit geistige

---

[15] Neuhäuser/ Steinhausen (Hrsg.) 1999, 82 In: Fornefeld 2004, 51
[16] Fornefeld 2004, 52
[17] ebd.
[18] ebd., 51-52
[19] Hülshoff 2004 In: Schwarzer (Hrsg.) 2004, 192
[20] ebd., 54

Behinderung primär als „Intelligenzminderung" aufgefasst wurde.[21] Diese „Intelligenzminderung" wird durch verschiedene Klassifikationssysteme (z.B. ICD-10) eingestuft:

Tabelle 2 Klassifikation des Schweregrades geistiger Behinderung nach ICD-10[22]

Geistige Behinderung	IQ
leichte	50-70
mittelgradige	35-49
schwere	20-34
schwerste	0-19

Ermittelt werden die intellektuellen Fähigkeiten (Kognition, Sprache, motorische und soziale Fähigkeiten) durch Intelligenztests. Die Intelligenzdiagnostik fungierte damals als „Selektionsdiagnostik", da je nach Höhe des diagnostizierten Intelligenzquotienten die Einweisung in eine Schule für Lern- oder Geistigbehinderte erfolgte. Durch die einseitige Einstufung nach Intelligenz-Werten ist die Klassifikation in Kritik geraten. Denn „(...) kein Kind kann ausschließlich über eine Intelligenz-Testung als geistig behindert diagnostiziert werden."[23] Die soziale und kulturelle Umwelt des Menschen muss immer mit einbezogen werden.[24] Die psychologische Diagnostik hat sich gewandelt, indem sie nicht ausschließlich nach Defiziten sucht, sondern auch die Fähigkeiten, die Leistungsfähigkeit und das soziale Umfeld des Menschen mit einbezieht. Dadurch reformierte sich die Selektions- zur Förderdiagnostik, welche die Stärken und Ressourcen des Menschen betrachtet.

Sonder- und heilpädagogische Perspektive

Die Lernmöglichkeiten und -bedürfnisse des Menschen mit Behinderung sind Inhalt der pädagogischen Sichtweise. „Aufgabe der Geistigbehindertenpädagogik ist es, aus der Perspektive von Erziehung und Bildung auf das Behindertsein von Menschen und deren Lebenssituation zu schauen, um verändernd auf diese einwirken zu können."[25] Die Geistigbehindertenpädagogik muss den Begriff der Behinderung in ihr Erziehungsverständnis integrieren und zwar in zweifacher Hin-

---

[21] ebd., 56
[22] ähnlich in: Hülshoff 2004 In: Schwarzer (Hrsg.) 2004, 191
[23] Speck 1999, 49 In: Fornefeld 2004, 58
[24] Fornefeld 2004, 59
[25] Fornefeld 2004, 67

sicht: Sie berücksichtigt die Behinderung als Schädigung des Menschen mit Folgen für sein Lernvermögen sowie als Erschwernis seines Erziehungs- und Bildungsprozesses.[26] Erziehung muss somit den individuellen Lernbedürfnissen des behinderten Menschen angepasst werden. So sieht SPECK in einer geistigen Behinderung „(...) spezielle Erziehungsbedürfnisse, die bestimmt werden durch eine derart beeinträchtigte intellektuelle und gefährdete soziale Entwicklung, dass lebenslange pädagogisch-soziale Hilfen zu einer humanen Lebensverwirklichung nötig werden".[27]

In der Pädagogik gelten laut der Empfehlung der Bildungskommission des DEUTSCHEN BILDUNGSRATES alle Kinder, Jugendliche und Erwachsene als behindert, "(...) die in ihrem Lernen, im sozialen Verhalten, in der sprachlichen Kommunikation oder in den psychomotorischen Fähigkeiten soweit beeinträchtigt sind, daß (sic!) ihre Teilnahme am Leben in der Gesellschaft wesentlich erschwert ist. Deshalb bedürfen sie besonderer pädagogischer Förderung..."[28]

Soziologische Perspektive
Dem soziologischen Ansatz zufolge ist eine Behinderung eine Folge der sozialen und gesellschaftlichen Bedingungen.[29] Hier wird geistige Behinderung als eine gesellschaftliche Positionszuschreibung beschrieben. Diese entsteht aufgrund der vermuteten oder erwiesenen Einschränkung von gesellschaftlich als wichtig angesehenen Funktionen.[30] Jedoch befindet sich die Gesellschaft ständig im Wandel und somit auch der Begriff der Behinderung. Der soziologische Zugang richtet seinen Blick auf die Integration, den Normalisierungsprozess und auf das Verhältnis von geistiger Behinderung und der jeweiligen sozialen Schicht.[31]

---

[26] ebd., 74
[27] Speck, 1993, 62 In: www.a-wagner-online.de
[28] Deutscher Bildungsrat zitiert nach Hensle 1988, 16 f., In: www.a-wagner-online.de
[29] www.a-wagner-online.de
[30] Neuhäuser, Steinhausen (Hrsg.) 1999, 11
[31] Speck 1999, 51ff In: Richter 2007, 17

3 Zahlen über Elternschaften bei Menschen mit geistiger Behinderung

Als schwerbehindert gelten Personen, denen von den Versorgungsämtern ein Grad der Behinderung von 50 und mehr zuerkannt wurde. Laut einem Bericht des STATISTISCHEN BUNDESAMTES lebten zum Jahresende 2009 in Deutschland 7,1 Millionen schwerbehinderte Menschen, wobei es 2005 noch 6,8 Millionen waren. 2009 waren damit 8,7% der gesamten Bevölkerung in Deutschland schwerbehindert. Auf geistige oder seelische Behinderungen entfielen zusammen 10% der Fälle, auf zerebrale Störungen[32] 9% (insg. ca. 1,36 Mio. Menschen). Bei einem Viertel der schwerbehinderten Menschen (25%) war vom Versorgungsamt der höchste Grad der Behinderung von 100 festgestellt worden, 31% wiesen einen Behinderungsgrad von 50 auf.[33] Betrachtet man den Zeitraum von 1993 bis 2007 nimmt die Anzahl der Menschen mit einem Grad der Behinderung von 50 und mehr in Deutschland leicht zu. „Die Zahl der schwerbehinderten Menschen ist 2007 im Vergleich zur Erhebung 2005 um 2,3% gestiegen. Gegenüber 1997 ist die Zahl der schwerbehinderten Menschen 2007 um 4,5% gestiegen."[34] Dies zeigt auch eine Grafik des STATISTISCHEN BUNDESAMTES, die im Anhang zu finden ist **(Anhang 1: Schwerbehinderte Menschen am Jahresende; Zeitreihe von 1993 - 2007)**.

Bei dem Thema Elternschaften von Menschen mit geistiger Behinderung ist zunächst interessant, wie viele Menschen mit einer geistigen Behinderung welche Anzahl von Kindern haben. Leider gibt es bei der Klärung dieser Fragestellung nur zwei Studien. Beide wurden von WissenschaftlerInnen (PIXA-KETTNER, BARGFREDE, BLANKEN) an der Universität Bremen (Studiengang Behindertenpädagogik) durchgeführt. Die erste Untersuchung wurde von 1993 – 1995 ausgeführt. Behinderteneinrichtungen im gesamten Bundesgebiet wurden nach der Anzahl der ihnen bekannten Elternschaften von Menschen mit sogenannter geistiger Behinderung befragt. Alleine die ca. 450 antwortenden Einrichtungen wussten von 969 Elternschaften mit 1366 Kindern.[35] Leider können durch diese Studie keine klärenden Aussagen darüber getroffen werden wie viele Elternschaften von Menschen mit einer geistigen Behinderung es in Deutschland tatsächlich gibt. Solche

---

[32] zerebrale Störungen sind Störungen des Zentralnervensystems
[33] www.destatis.de 2009
[34] www.destatis.de 2007
[35] Bundesminister für Gesundheit (Hrsg.), Pixa-Kettner/Bargfrede/Blanken 1996, 13

Untersuchungen zeigen aber einen Ausschnitt aus unterschiedlichen Einrichtungen, wobei ein Trend angenommen werden kann. Nach der ersten Studie wurde vermutet, dass die Elternschaften von Menschen mit geistiger Behinderung zunehmen werden.[36]

Ab Juli 2005 wurde bundesweit eine zweite Untersuchung zu Elternschaften von Menschen mit geistiger Behinderung durch URSULA PIXA-KETTNER und ihre KollegInnen durchgeführt. Bei dieser Studie wurden lediglich die Elternschaften seit 1990 erfragt. Insgesamt wurden von den Einrichtungen 1.584 Elternschaften mit 2.199 Kindern genannt.[37] Da bei den Studien unterschiedliche Zeiträume betrachtet wurden, sind sie nicht direkt vergleichbar. Dennoch ist eine Zunahme der Elternschaften und Geburten zu erkennen. Die folgende Tabelle soll Aufschluss darüber geben:

Tabelle 3 Anzahl der Elternschaften und Kinder[38]

	bis 1993	1990 bis 2005	1993 bis 2005	Zunahme von 1993 - 2005	
				Anzahl	%
Elternschaften	969	1584	1399[39]	430	44,7
Kinder	1366	2199	1931	565	41,4

In der zweiten bundesweiten Fragebogenerhebung wurden 1.584 Elternschaften von Menschen mit geistiger Behinderung für den Zeitraum von 1990 bis 2005 dokumentiert. Dies entspricht einer Zunahme von ca. 45 %. Nun muss auch berücksichtigt werden, dass die Anzahl der Menschen, die eine Schwerbehinderung haben, in diesem Zeitraum auch angestiegen sind, was automatisch zu einer Zunahme der Elternschaften führen könnte. Jedoch zeigt die Tabelle auch, dass sich die Elternschaften von Menschen mit einer geistigen Behinderung enorm erhöht haben, wobei der Anteil der Menschen mit einer Schwerbehinderung nur leicht angestiegen ist. Demnach bestätigt sich der angenommene Trend.

---

[36] Bundesminister für Gesundheit (Hrsg.), Pixa-Kettner/Bargfrede/Blanken 1996, 23
[37] www.beb-ev.de
[38] ähnlich in www.beb-ev.de
[39] In den Jahren 1990 bis 1992 wurden bei 185 Elternschaften insgesamt 268 Kinder geboren. Werden diese abgezogen, verbleibt eine Zahl von 1.931 Kindern aus: www.beb-ev.de

4 Rechtliche Fragen im Zusammenhang der Elternschaft von Menschen mit geistiger Behinderung

Bei dem Thema „Elternschaft von Menschen mit geistiger Behinderung" treten einige rechtliche Fragen auf, wie zum Beispiel:

„Geistig behindert und sorgeberechtigt – geht das? Sind die Eltern überhaupt geschäftsfähig?"

„Wenn Eltern mit geistiger Behinderung für sich selbst und für ihre eigenen Angelegenheiten einen Betreuer brauchen, wie können sie das Sorgerecht für ihr Kind selbst ausüben und die Angelegenheiten ihres Kindes selbst regeln?"

„Wie soll jemand für ein Kind sorgen können, der für sich selbst nicht sorgen darf? Das widerspricht sich doch!"

Die nun folgende Darstellung der rechtlichen Situation von Eltern mit geistiger Behinderung soll auf diese und andere Fragen eingehen.

4.1 Das Normalisierungsprinzip

Der Normalisierungsgedanke wurde in den 50er Jahren von dem Dänen BANK-MIKKELSEN entwickelt und in Mitte der 70er Jahre durch den Schweden NIRJE zu acht Grundsätzen des Normalisierungsprinzips ausformuliert (**Anhang 2: Acht Grundsätze des Normalisierungsprinzips**). Dabei sollte man „(...) den geistig Behinderten dazu verhelfen, ein Dasein zu führen, das so normal ist, wie es nur irgendwie ermöglicht werden kann."[40] Ein Leben, das sich nicht von den gesellschaftlich anerkannten Lebensweisen anderer Menschen unterscheidet ist gekennzeichnet durch einen normalen Tagesablauf, einen normalen Wochen- und Jahresrhythmus, einen normalen Lebenslauf, das Leben in einer zweigeschlechtlichen Welt, Ansehen und Respekt, einen normalen materiellen Lebensstandard und normalen Standards bei Wohnen und Arbeit.[41]

---

[40] Seifert 1997, 27 In: Kreisz 2009, 18
[41] Lenz u.a. 2010, 17

Aufgrund dieser Betrachtungen wäre das Normalisierungsprinzip nur anwendbar, wenn es möglich wäre, das Lebensumfeld eines Menschen mit geistiger Behinderung individuell nach seinen Bedürfnissen zu gestalten und anzupassen. Fraglich ist nur, ob Menschen, die dazu in der Lage wären ein solches individuelles Lebensumfeld zu wählen, diese Möglichkeit beispielsweise in einem Wohnheim oder anderen Wohneinrichtungen haben. Hier sind oftmals die Gestaltungsmöglichkeiten schon durch Betreuungszeiten, Tagesabläufe, Zimmeraufteilung etc. eingeschränkt. Besonders in Bezug auf eine Elternschaft von Menschen mit geistiger Behinderung gibt es weitere Begrenzungen durch die geringe Anzahl von Wohneinrichtungen der Begleiteten Elternschaft und auch durch die dortigen individuellen Einschränkungen im Tagesablauf.[42]

Daraus lässt sich schließen, dass die Umsetzung des Normalisierungsprinzips momentan noch nicht vollzogen ist und eine immerwährende Aufgabe der Gesellschaft bleibt. Dennoch und gerade aus diesem Grund ist wichtig, dass es diesen Grundsatz gibt und dass er für die Behindertenbewegung einen Weg bereitet, der ein Leben nach den Bürgerrechten und damit auch ein Leben mit einem Kind ermöglicht.

4.2 Übergeordnete gesetzliche Regelungen

Das Grundgesetz der Bundesrepublik Deutschland

In der Bundesrepublik Deutschland sind Ehe und Familie grundsätzlich geschützt[43]. Dabei wird kein Unterschied zwischen Menschen mit und ohne Behinderung gemacht.[44]

Hierzu soll beispielhaft ein Urteil des LANDGERICHTS BERLIN von 1988 zu einem Sorgerechtsverfahren des Landes Berlin gegen ein geistig behindertes Elternpaar aufgeführt werden:
„Es (...) ist zu berücksichtigen, dass einerseits (...) jedes deutsche Kind ein Recht auf Erziehung (...) hat, andererseits aber die Familie unter dem besonderen Schutz der staatlichen Ordnung steht und Pflege und Erziehung des Kindes das natürliche Recht der Eltern und die zuvörderst ihnen obliegende Pflicht sind – Art.

---

[42] Kreisz 2009, 19
[43] Art. 6 GG
[44] Art. 3 Abs. 3 GG

6 Abs. 1, Abs. 2 Satz 1 GG – so dass eine Maßnahme nach §1666 BGB, die zur Trennung des Kindes von den Eltern führt, nur als außergewöhnliches Mittel angeordnet werden darf, BVerfG, FamRZ 1982, 567. (...) Die bloße Erwägung, dass minderbegabte Eltern ihren Kindern nicht dieselben Entwicklungsmöglichkeiten bieten können, wie normal begabte Eltern, lässt eine Ausnahme von diesem den Naturgegebenheiten Rechnung tragenden Grundsatz nicht zu. Anderenfalls wäre die Würde des Menschen angetastet, die gemäß Art. 1 I GG unantastbar ist und die zu achten und zu schützen nach dieser Vorschrift die Verpflichtung aller staatlicher Gewalt ist."[45]

Damit ist es als verfassungswidrig zu werten, wenn bei einem Sorgerechtsverfahren nicht eine Gefahr für das Kind, sondern die Behinderung der Eltern im Vordergrund steht. Auch wenn sich durch eine Einschränkung der Eltern eine Gefahr ergeben kann, so muss dann aber geklärt werden, warum die Gefahr nicht durch öffentliche Hilfen abzuwenden ist (§§ 1628, 1667, 1666F BGB und § 1 Abs. 3 Nr. 2 und 3 SGB VIII).[46] Im Einzelfall ist es zum Wohl des Kindes erforderlich, die Rechte der Eltern zu beschränken.

UN - Konvention über die Rechte des Kindes
Am 20.11.1989 wurde von der Vollversammlung der Vereinten Nationen einstimmig die UN-Kinderrechtskonvention verabschiedet. In Deutschland ist diese Übereinkunft am 05.04.1992 in Kraft getreten. Es gibt 180 Kinderrechte, die die meisten Staaten der Erde ratifiziert, also anerkannt haben.[47] Dazu gehört auch, dass Kinder das Recht haben, bei ihren Eltern aufzuwachsen (Art. 7 Kinderrechtskonvention **(Anhang 3: Artikel 7 der UN- Konvention über die Rechte des Kindes))** und zu beiden Eltern Kontakt zu haben (Art. 9 (1), (3) Kinderrechtskonvention **(Anhang 4: Artikel 9 (1), (3) der UN- Konvention über die Rechte des Kindes))**.

Auch wenn ein Kind durch Gefährdung des Kindeswohls, beispielsweise durch Misshandlung der Eltern, von diesen getrennt wird, hat es dennoch das Recht seine Eltern zu kennen und auf einen Umgang mit ihnen. „Daher wird nach Möglichkeit dafür gesorgt, dass ein Kind seine Eltern auch dann regelmäßig sieht, wenn

---
[45] Landgericht Berlin, FamRZ 1988, 1308 In: Vlasak 2006 In: Pixa-Kettner (Hg.)2006, 123
[46] Vlasak 2006 In: Pixa-Kettner (Hg.)2006, 123
[47] Vlasak 2006 In: Pixa-Kettner (Hg.)2006, 125

diese nicht mit ihm zusammenleben. Für den Schutz des Kindes werden geeignete Maßnahmen getroffen."[48]

UN - Konvention über die Rechte von Menschen mit Behinderungen

Am 13.12.2006 hat die UN-Generalversammlung die Konvention über die Rechte von Menschen mit Behinderung beschlossen. Sie trat am 26. März 2009 in Deutschland in Kraft und wird, da sie ohne Menschen mit Behinderung übersetzt wurde, kritisiert. Dennoch wird sie als Meilenstein für die Behindertenpolitik bezeichnet, da sie den Grundstein für ein selbstbestimmtes Leben von Menschen mit Behinderung legt. „Sie stellt eindrücklich den Menschenrechtsansatz heraus, das Recht auf Selbstbestimmung und Teilhabe, formuliert den Diskriminierungsschutz für Menschen mit Behinderung und fordert eine inklusive und barrierefreie Gesellschaft."[49] Die UN-Konvention über die Rechte von Menschen mit Behinderungen besteht aus 50 Artikeln, die nahezu alle Lebensbereiche von Frauen und Männern mit Behinderung berührt.

Im Artikel 23 (**Anhang 5: Artikel 23 der UN – Behindertenrechtskonvention „Achtung der Wohnung und der Familie"**) wird die „Achtung der Wohnung und der Familie"[50] konkretisiert. Im Mittelpunkt steht dabei das Recht eine Partnerschaft beziehungsweise eine Ehe einzugehen und eine Familie zu gründen. Auch wird definiert, dass Menschen mit Behinderung selbst über die Anzahl ihrer Kinder und über die Abstände der Geburten entscheiden können und dass sie alle notwendigen Mittel und Informationen zur Ausübung dieser Rechte zur Verfügung gestellt bekommen müssen. Des Weiteren ist in Artikel 23 Absatz 4 festgestellt, dass ein Kind nicht ohne weiteres gegen den Willen seiner Eltern von diesen getrennt wird. Ein Sorgerechtsentzug kann, wie bei allen Kindern, nur bei einer Kindeswohlgefährdung in einem gerichtlichen Verfahren angeordnet werden und nicht aus dem Grund, dass die Eltern eine Behinderung haben. Die Regelung in Artikel 23c der Behindertenrechtskonvention verhindert, dass Menschen mit Behinderung sterilisiert werden und dass sie „gleichberechtigt mit anderen ihre Fruchtbarkeit behalten."[51]

---

[48] Vlasak 2006 In: Pixa-Kettner (Hg.)2006, 126
[49] Stange 2010, 5
[50] UN-Konvention über die Rechte von Menschen mit Behinderungen Artikel 23
[51] ebd., 23c

4.3 Das Betreuungsgesetz

Das Betreuungsgesetz der Bundesrepublik Deutschland ist am 01.01.1992 neu in Kraft getreten. Es regelt die Rechtsposition von Menschen mit Behinderung und psychischen Beeinträchtigungen. Die Stellung von Menschen mit intellektuellen Schädigungen war vor 1992 mit der eines Kindes vergleichbar. Nun wurden die Rechte behinderter Menschen gestärkt. Eine Betreuung schränkt zunächst die rechtlichen Handlungsmöglichkeiten des zu Betreuenden nicht ein und soll somit eine Art Hilfsangebot darstellen. Betreuungen für volljährige Menschen werden vom Gericht angeordnet im Falle einer psychischen Krankheit, einer körperlichen Behinderung, einer geistigen Behinderung oder einer seelischen Behinderung. Das Betreuungsgesetz ist Bestandteil des BÜRGERLICHEN GESETZBUCHES (BGB) und wird dort in den Paragraphen 1896-1908k geführt.[52]

Grundsätze der Betreuung
Der erste Grundsatz ist der **Grundsatz der Erforderlichkeit**. Nur, wenn eine Betreuung in bestimmten Lebensbereichen erforderlich ist, wird sie angeordnet.[53] Kann ein Mensch aber durch eigene Tätigkeiten oder durch Hilfen von Verwandten, Bekannten etc. seine Angelegenheiten selbst regeln, benötigt er keine vom Gericht angeordnete Betreuung. Dabei beschränkt sich die Betreuung immer auf bestimmte Lebensbereiche und bezieht sich nur auf eine momentan erforderliche Unterstützung. Die Notwendigkeit wird regelmäßig durch das Gericht überprüft.[54]

Hat ein zu Betreuender ein Kind, so gilt seine Betreuung nicht für die Angelegenheiten des Kindes, es sei denn, diese sind nicht zu trennen (z.B. bei Wohnungssuche). Man darf nicht davon ausgehen, dass die Interessen des zu Betreuenden und die Interessen des Kindes identisch sind. Der Betreuer darf in diesem Fall auch nicht als Vormund eingesetzt werden oder die Betreuung für den Aufgabenkreis ‚elterliche Sorge' übernehmen.[55]

Als zweiter Grundsatz gilt der **Grundsatz der persönlichen Betreuung**. Dies bedeutet, dass der Betreuer seinen Klienten persönlich kennen muss. „Ehe der Betreuer wichtige Angelegenheiten erledigt, bespricht er sie mit dem Betreuten, so-

---
[52] Vlasak 2006 In: Pixa-Kettner (Hg.)2006, 92
[53] §1896 (2) BGB
[54] Vlasak 2006In: Pixa-Kettner (Hg.)2006, 94
[55] ebd., 94

fern dies dessen Wohl nicht zuwiderläuft."[56]

Eine weitere Richtschnur stellt der **Grundsatz der selbst bestimmten Lebensführung** dar. Dies ist in §1901 Abs. 2 und 3 geregelt. Diese Paragraphen erklären, dass der Betreuer dem Betreuten auch dann eine selbstbestimmte Lebensführung zugestehen muss, wenn er selbst anderer Überzeugung ist. Die Wünsche des zu Betreuenden haben bei allen Entscheidungen höchste Priorität. Dieses Prinzip erfährt dann Einschränkungen, wenn der Klient gegen sein Wohl handelt oder gegen geltendes Recht verstößt.[57]

Einwilligungsvorbehalt
Ein Einwilligungsvorbehalt (§1903 BGB) schränkt die rechtliche Handlungsfähigkeit des Betreuten ein. Die Rechtsfähigkeit des Betreuten ist dann für den bestimmten Bereich, für den der Einwilligungsvorbehalt angeordnet wurde, eingeschränkt. Eine Rechtshandlung des Betreuten wird durch diese Regelung erst wirksam, wenn der Betreuer eingewilligt hat. „Der Einwilligungsvorbehalt darf nur vom Gericht angeordnet werden, wenn sich der betroffene Mensch (oder sein Vermögen) ohne diesen in einer erheblichen Gefahr befinden würde."[58]

4.4 Rechtsstellung von Menschen mit geistiger Behinderung

Das deutsche Gesetz unterscheidet zwischen:

- Geschäftsfähigkeit (§ 106 BGB)
- beschränkter Geschäftsfähigkeit (§§ 107 bis 113 BGB)
- und Geschäftsunfähigkeit (§104 BGB)[59]

Die Geschäftsfähigkeit wird in der Regel mit Vollendung des 18. Lebensjahres erreicht. Damit ist die Fähigkeit, rechtlich zu handeln, gemeint. Beschränkt geschäftsfähig sind Minderjährige nach Vollendung des siebten Lebensjahres.[60] Durch den Einwilligungsvorbehalt für einen zu Betreuenden, wird der unter Be-

---

[56] § 1901 Abs. 3 BGB
[57] Vlasak 2006 In: Pixa-Kettner (Hg.)2006, 95; an dieser Stelle muss eine Betreuung jedoch Grenzen hinnehmen, dass der Betroffene sich selbst schädigt (Rauchen, Alkohol, ungesunde Ernährung etc.), obwohl der Betreuer dem Wohl des Betroffenen verpflichtet ist; der Betroffene kann alles tun, was ein nicht unter Betreuung stehender Mensch auch tun darf
[58] Vlasak 2006 In: AWO (Hrsg.) 2006, 142
[59] Vlasak 2006In: Pixa-Kettner (Hg.)2006, 98
[60] §106 BGB

treuung stehende Mensch einem beschränkt Geschäftsfähigen gleichgestellt. Das bedeutet, dass die Verträge, die in dem Bereich des Einwilligungsvorbehaltes abgeschlossen werden, solange schwebend unwirksam sind, bis der Betreuer seine Einwilligung gibt. Dies gilt jedoch nicht für Angelegenheiten mit unbeträchtlicher Bedeutung.[61]

Geschäftsunfähig ist, wer das siebente Lebensjahr noch nicht erreicht hat.[62] Geschäftsunfähigkeit bei Volljährigen ist die Ausnahme. Sie muss von dem bewiesen werden, der sich darauf beruft. Hier ist geschäftsunfähig, „wer sich in einem die freie Willensbestimmung ausschließenden Zustand krankhafter Störung der Geistestätigkeit befindet, sofern nicht der Zustand seiner Natur nach ein vorübergehender ist."[63] Diese Formulierung wirft seit ihrer Niederschrift 1900 im BÜRGERLICHEN GESETZBUCH viele Fragen auf. Im Kommentar des BGBs wurde versucht eine Erklärung zu geben: Es „(…) sind weniger die Fähigkeiten des Verstandes als die Freiheiten des Willensentschlusses ausschlaggebend. … Es kommt darauf an, ob noch eine freie Entscheidung aufgrund einer Abwägung des Für und Wider, eine sachliche Prüfung der in Betracht kommenden Gesichtspunkte und ein dementsprechendes Handeln möglich ist und ob der Betroffene in Folge krankhafter Geistesgestörtheit fremden Willenseinflüssen unterliegt oder sein Wille durch unkontrollierte Triebe und Vorstellungen beherrscht wird. … Bloße Willensschwäche und leichte Beeinflussbarkeit genügen nicht, solange die äußeren Einflüsse auch in normaler Weise als Motive wirken. Ebenso nicht das bloße Unvermögen, die Tragweite einer Erklärung zu ermessen."[64] Es kommt also darauf an, ob die geminderte geistige Fähigkeit, den Willen frei zu bestimmen, gehemmt ist. Zusätzlich ist festzustellen, dass man nicht in allen Bereichen des rechtlichen Lebens geschäftsunfähig sein muss. Hier spricht man von partieller Geschäftsunfähigkeit Seit dem Jahr 2002 sind auch Bagatellgeschäfte des täglichen Lebens (z.B. Kauf einer Tafel Schokolade) für volljährige Geschäftsunfähige rechtswirksam.[65]

---

[61] Vlasak 2006 In: Pixa-Kettner (Hg.)2006, 98f.
[62] §104 Abs. 1 BGB
[63] § 104 Abs. 2 BGB
[64] Soergel, Hefermehl 1999, §104 BGB Rn. 4 In: Vlasak 2006 In: AWO (Hrsg.) 2006, 143
[65] § 105a BGB

4.5 Elterliche Sorge

Die elterliche Sorge ist in §§ 1626 – 1689b BGB geregelt. Sie klärt die rechtlichen Beziehungen zwischen Eltern und ihren minderjährigen Kindern und beinhaltet Rechte und Pflichten. Bei verheirateten Eltern haben beide gemeinsam das Sorgerecht. Sind die Eltern nicht verheiratet, hat die leibliche Mutter die elterliche Sorge. Der Vater kann in diesem Fall in der Regel mit der Zustimmung der Mutter durch eine schriftliche Sorgeerklärung an der elterlichen Sorge beteiligt werden.[66] Nach einem neuen Beschluss des Bundesverfassungsgerichts vom 21.07.2010 können ledige Väter nun das Sorgerecht auch unabhängig von der Zustimmung der Mutter erhalten - auch in Altfällen.[67]

Die elterliche Sorge unterscheidet in ihren Rechten und Pflichten zwischen der Personensorge[68], der Vermögenssorge[69] und der Vertretung des Kindes[70]. Zu der Personensorge gehört unter anderem die Pflege und Erziehung des Kindes[71], die Aufenthaltsbestimmung[72], die Aufsichtspflicht[73] und die Haftpflicht[74], das Umgangsbestimmungsrecht[75] und der Herausgabeanspruch[76] gegenüber Dritten.[77] Zusätzlich gibt es Angelegenheiten des Kindes, auf die der Sorgeberechtigte keinen Einfluss hat (Umgangsrechte des Kindes, Schulpflicht). Seit dem 06.07.2000 hat das Kind das Recht auf eine gewaltfreie Erziehung.[78]

Die elterliche Sorge darf nur vom Gericht eingeschränkt werden, wenn das Wohl des Kindes gefährdet (**Anhang 6: Das Kindeswohl gefährdende Sachverhalte**)[79] ist und die Gefahr nicht durch öffentliche Hilfen abgewendet werden kann.

Elterliche Sorge und rechtliche Betreuung

Dass Eltern, die für ihre eigenen Angelegenheiten eine Betreuung brauchen, nicht selbst sorgeberechtigt für ihr Kind sein können, ist ein Irrtum. Die rechtliche Be-

---

[66] Vlasak 2006 In: Pixa-Kettner (Hg.)2006, 102
[67] www.bundesverfassungsgericht.de
[68] § 1631 BGB
[69] §1642 BGB, umfasst die Vertretung des Kindes in finanziellen Angelegenheiten
[70] § 1629 BGB
[71] §1631 Abs. 1, 1. HS BGB
[72] §1631 Abs. 1, 2. HS BGB
[73] §1631 Abs. 1 BGB
[74] §823 BGB
[75] §1632 Abs. 2 BGB
[76] § 1632 Abs. 1 BGB
[77] Kohl 2012, Weiterbildung „Frühkindliche Bildung und Erziehung"
[78] Staudinger & Salgo 2002, § 1631 BGB Rn. 1ff. In: Vlasak 2006 In: Pixa-Kettner (Hg.)2006, 103
[79] & 1666 BGB

treuung tangiert die elterliche Sorge nicht.[80] Die wichtigsten Unterschiede zwischen der elterlichen Sorge und der rechtlichen Betreuung sind in der folgenden Tabelle zu finden:

Tabelle 4 Vergleich von Sorgerechtsentzug und rechtlicher Betreuung[81]

Sorgerechtsentzug	Betreuungsrecht
• Amtsgericht - Familiengericht	• Amtsgericht - Vormundschaftsgericht
• Sanktion (Strafe)	• Hilfe
• Kein Antrag möglich (nur Anregung)	• Betroffener stellt den Antrag selbst
• Gericht muss umfassend ermitteln	• Gericht ermittelt nur im Rahmen des Antrages
• i.d.R. unfreiwillig	• i.d.R. freiwillig
• Verlust der elterlichen Sorge schließt Verantwortlichkeit der Eltern aus	• BetreuerInnen und Betroffener handeln gleichwertig nebeneinander
• Nur bei akuter Gefahr möglich	• Nur bei Hilfebedürftigkeit möglich

Die Betreuung ist ein Hilfsangebot des Staates und soll Menschen mit Behinderung die Teilhabe am Leben in der Gesellschaft ermöglichen sowie sie vor Benachteiligung beschützen. Sie dient also dazu, die Betroffenen in ihren Grundrechten zu stärken. Der Sorgerechtsentzug ist jedoch ein schwerer Eingriff in die Grundrechte. Aus diesem Grund ist es auch falsch von der rechtlichen Betreuung auf den Entzug der elterlichen Sorge zu schließen. Der Sorgerechtsentzug kommt nur dann in Frage, wenn alle anderen Hilfsmöglichkeiten ausgeschöpft sind und ist erst möglich, wenn eine konkrete Gefahr für das Kind besteht.[82] Dennoch ist wichtig, dass das Wohl des Kindes entscheidend ist und nicht die Situation der Eltern. Dass eine geistige Behinderung einen Sorgerechtseingriff nicht rechtfertigt, hat das Bundesverfassungsgericht schon 1982 beschrieben: „Krankheit, Behinderung der Eltern gehören grundsätzlich zu den Lebensumständen, die das Kind als schicksalhaft hinzunehmen hat, sie rechtfertigen als solche zunächst noch keinen

---

[80] Vlasak 2006 In: AWO (Hrsg.) 2006, 150
[81] ebd., 151
[82] ebd.

Eingriff in die elterliche Sorge"[83].

Elterliche Sorge und Einwilligungsvorbehalt

Es ist im Gesetz nicht genau geklärt, ob sich ein Einwilligungsvorbehalt auf die elterliche Sorge auswirkt. In § 1903 Abs. 2 BGB sind mehrere Willenserklärungen beschrieben, auf die sich der Einwilligungsvorbehalt nicht erstreckt. Jedoch wird hier die elterliche Sorge nicht erwähnt. BIENWALD erklärt, „(…) dass sich der Einwilligungsvorbehalt nur unmittelbar auf die Rechte und Pflichten der betroffenen Person, nicht aber auf andere, z.B. auf die Rechtslage von dessen Kindern auswirken kann."[84] Daraus ist zu schließen, dass der Einwilligungsvorbehalt die elterliche Sorge nicht beeinflussen dürfte.[85]

Elterliche Sorge und Geschäftsunfähigkeit

Bei einer Geschäftsunfähigkeit nach § 104 Abs. 2 BGB unterstellt der Gesetzgeber, dass diese Personen nicht in der Lage sind, die Personensorge für ihr Kind auszuüben. Aus diesem Grund ruht, laut § 1673 BGB, die elterliche Sorge. In diesem Fall ist der geschäftsunfähige Elternteil nicht berechtigt die elterliche Sorge auszuüben (§1675 BGB).[86] Wie bereits in Punkt 4.4 Rechtsstellung von Menschen mit geistiger Behinderung festgestellt, sind die meisten Menschen mit geistiger Behinderung nicht als geschäftsunfähig einzustufen, da die Geschäftsunfähigkeit nicht von der Schwere der Behinderung abhängt, sondern von der Fähigkeit den freien Willen zu bestimmen. Im Einzelfall muss eine Prüfung der Geschäftsunfähigkeit jedoch sehr differenziert gesehen werden.[87]

4.6 Rechtliche Fragen hinsichtlich der professionellen Begleitung von Eltern mit geistiger Behinderung

Finanzierung von Unterstützungsmaßnahmen für Eltern mit geistiger Behinderung

Zunächst muss geklärt werden, von wem Eltern mit geistiger Behinderung eine Unterstützungsleistung erwarten können. Zuständig sind hier die gesetzlichen Grundlagen: das Sozialgesetzbuch VIII (Kinder- und Jugendhilfegesetz), das So-

---

[83] BVerfG 1982 in: NJW 1982, 1379; FamRZ 1982, 567 In: Vlasak 2006 In: Pixa-Kettner (Hg.)2006, 107
[84] Staudinger, Bienwald 1999, § 1903 BGB Rn. 25 In: Vlasak 2006 In: Pixa-Kettner (Hg.)2006, 108
[85] Pixa-Kettner (Hg.)2006, 108
[86] Zinsmeister 2006, 8
[87] Vlasak 2006 In: AWO (Hrsg.) 2006, 152

zialgesetzbuch IX (Rehabilitation und Teilhabe behinderter Menschen) und das Sozialgesetzbuch XII (Sozialhilfe/ Eingliederungshilfe).[88] In Frage kommen ambulante und stationäre Hilfen, sowie eine Mischform aus den beiden. Als Leistungen kommen hauptsächlich die Eingliederungshilfe für behinderte Menschen die der Sozialhilfeträger gewährt (§§ 55 SGB IX, 53 SGB XII) sowie die Leistungen der Kinder- und Jugendhilfe (SGB VIII), die der zuständige Jugendhilfeträger gewährt, in Betracht. In der Praxis erklären sich meist sowohl der Sozialhilfeträger, als auch der Jugendhilfeträger für unzuständig und verweisen auf die Leistungspflicht des jeweiligen anderen. Die Vor- und Nachrangigkeit von Leistungen ist jedoch nur bei deckungsgleichen Leistungen relevant. Da Eltern mit geistiger Behinderung aufgrund unterschiedlicher Bedürfnisse oft Anspruch auf unterschiedliche Leistungen haben, haben sie auch oft Anspruch auf Leistungen der Jugend- und der Eingliederungshilfe.[89]

Im Folgenden werden die Finanzierungsmodelle aus der Arbeitshilfe der AWO ‚Liebe(r) selbstbestimmt' vorgestellt, da sie eine sehr übersichtliche Zusammenfassung über die zuständigen Kostenträger und die jeweiligen gesetzlichen Grundlagen darstellen:

---

[88] ebd., 156
[89] Zinsmeister 2006, 10

Tabelle 5 Finanzierungsmodelle für Unterstützungsmaßnahmen geistig behinderter Eltern in Deutschland[90]

Ambulante Hilfen für Eltern mit Behinderung	
Begleitung von Familien in selbst gemieteten Wohnungen (Mischfinanzierung Jugendhilfe/ Eingliederungshilfe)	
Gesetzliche Grundlagen	§§ 27, 31 SGB VIII (Sozialpädagogische Familienhilfe) §§ 53, 54 SGB XII (Eingliederungshilfe, ambulant)
Kostenträger	Jugendhilfe (örtlich), Eingliederungshilfe (örtlich oder überörtlich, je nach Land)
Begleiteter Umgang für Eltern, die nicht mehr mit ihren Kindern zusammen leben (Mischfinanzierung Jugendhilfe/ Eingliederungshilfe)	
Gesetzliche Grundlagen	§ 18 Abs. 3 SGB VIII (Begleiteter Umgang) §§ 53, 54 SGB XII (Eingliederungshilfe, ambulant)
Kostenträger	Jugendhilfe (örtlich), Eingliederungshilfe (örtlich)

Stationäre Hilfen für Eltern mit Behinderung	
Begleitung von Familien in einem stationären Familienprojekt (Mischfinanzierung: Jugendhilfe/ Eingliederungshilfe)	
Gesetzliche Grundlagen	§§ 27, 34 SGB VIII (Heimerziehung) §§ 53, 54 SGB XII (Eingliederungshilfe, stationär)
Kostenträger	Jugendhilfe (örtlich), Eingliederungshilfe (überörtlich oder örtlich, je nach Land)
Begleitung von alleinstehenden Elternteilen in stationären Wohnprojekten der Jugendhilfe	
Gesetzliche Grundlagen	§ 19 SGB VIII (Gemeinsame Wohnformen für allein stehende Mütter/ Väter und Kinder)
Kostenträger	Jugendhilfe (örtlich)
Besonderheit	Diese Unterstützungsform endet spätestens am 6. Geburtstag des Kindes
Begleitung von Familien in Sonderwohnformen der Jugendhilfe	
Gesetzliche Grundlagen	§ 27 Abs. 2 SGB VIII (Hilfen zur Erziehung)
Kostenträger	Jugendhilfe (örtlich)

---

[90] Vlasak 2006 In: AWO (Hrsg.) 2006, 156

Ambulant/ stationäre Mischform	
Auch wenn es exotisch erscheint: Es ist tatsächlich möglich eine Mutter mit Kind in einer vom Träger gemieteten Wohnung stationär, also rund um die Uhr, zu betreuen und den Vater in der gleichen Wohnung ambulant zu unterstützen.	
Gesetzliche Grundlagen	§§ 27, 34 SGB VIII (Heimerziehung) §§ 53, 54 SGB XII (Eingliederungshilfe, stationär) §§ 53, 54 SGB XII (Eingliederungshilfe, ambulant)
Kostenträger	Jugendhilfe (örtlich), Eingliederungshilfe (überörtlich), Eingliederungshilfe (örtlich)

Begleitung von Familien in Pflegefamilien	
Einige Träger der Eingliederungshilfe vermitteln Eltern mit einer sogenannten ‚geistigen' Behinderung gemeinsam mit ihrem Kind in Pflegefamilien.	
Gesetzliche Grundlagen	§§ 27, 33 SGB VIII (Pflegefamilie) §§ 53, 54 (Eingliederungshilfe, stationär)
Kostenträger	Jugendhilfe (örtlich), Eingliederungshilfe (örtlich)

Aufsichtspflicht

Die Aufsichtspflicht für ein Kind trägt zunächst die/der Sorgeberechtigte, da diese (genau wie die Erziehungspflicht) Teil der elterlichen Sorge ist. Die/ der Sorgeberechtigte kann die Beaufsichtigung des Kindes jedoch auch anderen überlassen. Beispielsweise, wenn sie/ er berufstätig ist und das Kind zu den Großeltern oder in den Kindergarten bringt. Somit werden die Großeltern oder die ErzieherInnen in der Kindertagesstätte aufsichtspflichtig. Der Umfang der Aufsichtspflicht ist nicht genau beschrieben und richtet sich individuell nach dem Alter und dem Entwicklungsstand des Kindes. Sind die Eltern aufgrund ihrer geistigen Behinderung nicht dazu in der Lage der Aufsichtspflicht umfassend nachzugehen, so können sie gemäß § 27 SGB VIII ‚Hilfen zur Erziehung' beantragen.[91]

Garantenpflicht

Die Garantenpflicht ist ein Begriff aus dem Strafgesetz. Ein Garant ist einem anderen gegenüber durch die sogenannte Garantenstellung verpflichtet. Diese ergibt sich aus familiären Verhältnissen (Eltern gegenüber ihren Kindern), engen Beziehungen, die auf gegenseitiges Vertrauen baut (Bergsteiger, die gemeinsam klet-

---

[91] Vlasak 2006 In: Pixa-Kettner (Hg.)2006, 117 f.

tern) oder vertraglichen Verhältnissen (Lehrer gegenüber Schülern). „Der Garant ist dazu verpflichtet, einen möglichen Schaden abzuwenden und macht sich dann strafbar, wenn er dieses Handeln unterlässt."[92] Ausschlaggebend für eine erdenkliche Verurteilung des Garanten ist, dass der Schaden durch sein Eingreifen mit hoher Wahrscheinlichkeit nicht eingetreten wäre. Kann er nachweisen, dass der Schaden nicht voraussehbar war, dass im Vorfeld alles getan wurde, um den Schaden zu vermeiden und dass im aktuellen Fall ein Eingreifen nicht möglich war, so kann es zu keiner Verurteilung kommen. Anders ist es, wenn Garanten, also die beispielsweise Professionellen einer Einrichtung, grob fahrlässig handeln.[93]

---

[92] Vlasak 2006 In: Pixa-Kettner (Hg.)2006, 118
[93] Vlasak 2006 In: AWO (Hrsg.) 2006, 160

5 Vorbereitung auf die Elternschaft und Hilfestellung während der Elternschaft

5.1 Methoden, Materialien und Werkzeuge

In dem folgenden Abschnitt wird erläutert, wie das erste Gespräch im Zusammenhang mit Elternschaft von Menschen mit geistiger Behinderung aussehen kann und was dort zu beachten ist. Hier wird davon ausgegangen, dass der Kinderwunsch der Anlass der Beratung ist. Anschließend werden sexualpädagogische Materialien vorgestellt, die die Elternschaft von individuell beeinträchtigten Menschen thematisieren und die sich auch laut verschiedenen Publikationen als erfolgreich erwiesen haben. Und schließlich wird angesprochen, wie eine Begleitung während der Schwangerschaft aussehen kann.

Der Kinderwunsch als Anlass in das Gespräch zu kommen
Der Wunsch eines Menschen mit individuellen Einschränkungen nach einem Kind sollte ernst genommen werden. Dabei ist es wichtig die Beweggründe für ein Kind zu erfassen. Manchmal ist es der Wunsch nach mehr Nähe und Zuwendung, der Wunsch nach einer Lebensbereicherung oder auch der Wunsch gebraucht zu werden. Hier gilt es herauszufinden, ob der Wunsch nach einem Kind wirklich im Interesse der Person liegt, oder ob nur verschiedene andere Bedürfnisse befriedigt werden sollen. Die Wissenschaft hat herausgefunden, dass die von den Personen genannten Motive für Kinder in erster Linie dazu dienen sollen, eigene Wünsche und Bedürfnisse zu befriedigen. Dies gilt für behinderte wie für nicht behinderte Menschen.[94] Jedoch verdeutlicht PIXA-KETTNER vor dem Hintergrund der besonderen Situation von Menschen mit Behinderung zusätzlich den Aspekt, dass ein Kinderwunsch auch Ausdruck von Normalität und Erwachsenheit sein kann.[95]

Die Beweggründe ein Kind zu bekommen, erfahren in der Gesellschaft unterschiedliche Hinterfragungen. „Während sich nicht behinderte Frauen tendenziell dafür rechtfertigen müssen, wenn sie sich **kein** Kind wünschen, müssen sich geistig behinderte Frauen rechtfertigen, **wenn** sie sich ein Kind wünschen."[96]

---
[94] Pixa-Kettner, Bargfrede 2006 In: Pixa-Kettner (Hg.) 2006, 74
[95] Pixa-Kettner 1999 In: Lenz u.a. 2010, 167
[96] Pixa-Kettner, Bargfrede 2006 In: Pixa-Kettner (Hg.) 2006, 75

In der Praxis ist der Umgang mit dem Kinderwunsch von Menschen mit individuellen Einschränkungen von großer Hilflosigkeit geprägt. Hier scheint es noch immer ein Grundsatz zu sein, das Thema Kinderwunsch nicht anzusprechen, um nicht unnötig die Aufmerksamkeit auf dieses Thema zu lenken. Die Ablehnung der Gesellschaft ist den Menschen mit Behinderung durchaus bewusst. Aus diesem Grund verbergen sie ihren Kinderwunsch auch, oder verheimlichen eine Schwangerschaft über lange Zeit. Jedoch ist es wichtig Wünsche anzusprechen, auch wenn sie nicht erfüllt werden können. Die Person muss ernst genommen werden mit ihrem Wunsch ein Kind zu bekommen. Dies gewährleistet einen angemessenen Entscheidungs- und Verarbeitungsprozess und sichert, dass sie sich mit ihren Wünschen, Träumen und Vorstellungen auseinandersetzt.[97]

Bei einem frühzeitigen Angebot in Beratungsgesprächen kann der Wunsch nach einem Kind umfassend reflektiert werden. Es kann gemeinsam besprochen werden, ob ein Kind die gewünschten Erwartungen erfüllen kann und welche Konsequenzen und Veränderungen eventuell auftreten können.[98] Das Ziel des ersten Gespräches sollte es sein, die Menschen mit geistiger Behinderung eine eigene Antwort finden zu lassen auf ihre Fragen, Wünsche und Vorstellungen. Das Gesprächsangebot sollte niedrigschwellig, einladend und wertschätzend gestaltet sein. Wichtig ist aber auch, dass dieses Gespräch informativ ist, und Selbstbewusstsein und Selbstwertgefühl steigert, damit selbstständiges Handeln und Entscheiden ermöglicht werden kann.[99] Dazu sollen in Anlehnung an CORINNE WOHLGENSINGER einige Punkte aufgeführt werden, die im Zusammenhang mit einer Entscheidung für ein Kind thematisiert werden sollten:

- „Die eigene Identität und verschiedene Faktoren einer Partnerschaft.
- Motive des Kinderwunsches.
- Wissen, wie ein Kind entsteht und wie man eine Schwangerschaft verhindern kann
- Der Zeitpunkt und die Dauer der Schwangerschaft.
- Die Geburt und die Geburtsvorbereitung.
- Was bedeutet es ein Kind zu versorgen und was sind meine individuellen Kenntnisse/ Defizite?

---

[97] ebd., 76f.
[98] AWO (Hrsg.) 2006, 191 f. In: Lenz u.a. 2010, 169
[99] ebd., 78

- Die Veränderung der Wohn- und Lebenssituation um mit dem Kind zusammen leben zu können.
- Die Ökonomische (sic!) Situation."[100]

Um jedoch nicht zu viele Themen in einem Gespräch unterzubringen, sollte eine Terminabfolge geplant werden (hierzu **Anhang 7 : Fragekatalog der AWO**).[101]

Sexualpädagogische Materialien
Im Folgenden werden Hilfsmittel aufgeführt, die sich mit dem Thema Elternschaft von Menschen mit geistiger Behinderung befassen. Bei der Sichtung der sexualpädagogischen Materialien für geistig behinderte Menschen fällt zunächst auf, dass dies ein sehr junges Thema ist (die ältesten Publikationen sind etwa von 1994). Außerdem ist zu bemerken, dass es überhaupt wenige sexualpädagogische Materialien gibt und sich die wenigsten konkret mit dem Thema Kinderwunsch bzw. Elternschaft befassen.

Die BUNDESVEREINIGUNG LEBENSHILFE (HRSG.) erstellte 1999 „Sexualpädagogische Materialien für die Arbeit mit geistig behinderten Menschen". 2005 wurde dazu bereits die fünfte Auflage veröffentlicht. In diesem Buch findet man sexualpädagogische Grundlagen, zielgruppenspezifische Bildungsangebote, sowie Materialien zur sexualpädagogischen Begleitung für Fachleute, Eltern und Angehörige. Arbeitsblätter zur eigenständigen Handhabung für Menschen mit Behinderung sind außerdem zu verschiedenen Themen („Ich als Mann/Frau", „Kinderwunsch und Elternschaft, Schwangerschaft und Geburt") vorhanden. Die meisten Arbeitshilfen sind durch Piktogramme und Bilder verdeutlicht, da viele Menschen mit geistiger Behinderung ein geringes oder gar kein Leseverständnis haben. In dem Kapitel zum Thema „Kinderwunsch und Elternschaft, Schwangerschaft und Geburt" (**Anhang 8: Ausgewählte Arbeitsblätter der BUNDESVEREINIGUNG LEBENSHILFE (HRSG.) zum Thema „Kinderwunsch und Elternschaft, Schwangerschaft und Geburt"**) beinhaltet das Erkennen und Bewusstwerden der Verantwortung und der Aufgaben, die ein Kind mit sich bringt. Außerdem eröffnet es umfassende Informationen über Schwangerschaft und Geburt.[102]

---
[100] Wohlgensinger 2007, 107f In: Kreisz 2009, 48
[101] AWO (Hrsg.) 2006, 191 f. In: Lenz u.a. 2010, 169
[102] Bundesvereinigung Lebenshilfe (Hrsg.) 2009, 98 ff.

Der Praxisleitfaden ‚Liebe(r) selbstbestimmt' für die psychosoziale Beratung und sexualpädagogische Arbeit mit Menschen mit Behinderung der ARBEITERWOHLFAHRT (AWO) ist Teil eines von der Aktion Mensch geförderten Projektes, welches neben diesem Leitfaden auch die Entwicklung eines Beraterangebotes (Beratungsstellen für Menschen mit Behinderung in Nordrhein-Westfahlen) umfasst. Dieses Handbuch beinhaltet neben sexualpädagogischen Informationen, Informationen über Liebe und Partnerschaft und Kinderwunsch/ Elternschaft für Berater auch immer eine Zusammenfassung in leichter Sprache (**Anhang 9: Zusammenfassung zum Thema Liebe und Partnerschaft und Kinderwunsch/ Elternschaft in leichter Sprache**). Dazu enthält das Nachschlagewerk Beispiele für Projekte und Seminarkonzepte zu verschiedenen Themen (**Anhang 10: Beispiele für Projekte und Seminarkonzepte zu verschiedenen Themen**). Schließlich implizieren die 165 Seiten auch rechtliche Grundlagen bezüglich Sexualität, Partnerschaft und Elternschaft von Menschen mit Behinderung. Es ist also ein sehr guter Wegweiser, der das Thema Sexualpädagogik von Menschen mit Behinderung gut verständlich, aber auch umfassend erklärt.[103]

URSULA PIXA-KETTNER und ihre Kolleginnen entwickelten das sogenannte „Kinderwunschspiel"[104] (**Anhang 11: „Kinderwunschspiel"**). Dies stellt eine Hilfe zum Gesprächsbeginn dar und somit eine Erleichterung der Kommunikation untereinander. Ziel dieses Spiels ist es, den möglichst offenen Austausch über eigene Wünsche und Vorstellungen im Zusammenhang mit einem Kind anzuregen und dabei realistische Abwägungen zu treffen. Dafür wurde eine Sammlung von 36 kurzen und einfach formulierten Aussagen zusammengestellt, die sich auf Vorstellungen über den Elternstatus beziehen. Diese stellen positive (+), negative (-) und neutrale (?) Aussagen über ein Leben mit einem Kind dar. Es sind sowohl Aussagen enthalten, die sich auf die Einzelperson beziehen, aber auch auf Paare. Die überwiegende Anzahl der Fragen lässt keine Richtig-Falsch-Beantwortung zu und bietet damit Raum für die subjektive Bewertung.[105]

Ursprünglich in der Jugendarbeit in den USA von den Diplompädagoginnen STEMMER-SCHAICH und SCHULTZ-BRUNN wurde 2001 das „Elternpraktikum" mit Ba-

---
[103] AWO (Hrsg.) 2006
[104] Pixa-Kettner, Bargfrede 2006 In: Pixa-Kettner (Hg.) 2006, 83
[105] AWO (Hrsg.) 2006, 191ff. In: Lenz u.a. 2010, 170f.

bysimulatoren entwickelt[106]. „Sogenannte Babysimulatoren machen all das, was auch normale Säuglinge tun – mit dem Unterschied, dass sie vorher programmiert wurden und dass die Daten im Anschluss ausgelesen werden können."[107] Ziel des Projektes ist es zu zeigen, welche große Verantwortung die Betreuung eines Kindes mit sich bringt (**Anhang 12: „Eltern auf Probe" Zeitungsartikel zum Thema Babysimulatoren**). Es ist nicht nur süß, es muss rund um die Uhr versorgt werden. TeilnehmerInnen werden somit in die Situation des Eltern-Seins versetzt.[108] Sie sollen erkennen, dass Eltern dafür verantwortlich sind, ihr Kind liebevoll zu erziehen und dass die Versorgung eines Kindes mit einem großen emotionalen und zeitlichen Aufwand verbunden ist und somit das eigene Leben umfassend verändert. Durch dieses Praktikum können Grundkenntnisse in der Säuglingspflege und Ernährung, sowie einige kindliche Bedürfnisse vermittelt werden. Auch für Menschen mit Behinderung erscheint das Baby-Bedenkzeit-Projekt für begrenzte Zwecke sinnvoll. Möglicherweise können hier auch die Belastungen, die durch ein Kind entstehen realistisch aufgezeigt werden.[109]

Begleitung während der Schwangerschaft

Auch wenn der Kinderwunsch von Menschen mit Behinderung ein relevantes Thema ist, ist es laut der Studie von PIXA-KETTNER/BARGFREDE/BLANKEN nicht so, dass die Schwangerschaften letztendlich geplant sind. Nur ein Drittel bis ein Viertel der befragten Personen bzw. Paare hatten die Schwangerschaft beabsichtigt. Bei den anderen sei es „halt so passiert"[110]. Trotz alledem haben sich fast alle Personen über die Schwangerschaft gefreut. Das Umfeld, hierbei sogar das Fachpersonal, reagierte meist mit Ablehnung. Nur eine Mutter (von 28 befragten Personen) erhielt eine auf sie zugeschnittene Vorbereitung auf die Geburt und die folgende Kinderbetreuung und -pflege, bei den anderen wurde Unverständnis gezeigt, oder es wurde sogar für einen Abbruch plädiert (acht Betroffene).[111]

Aufgrund dieser Ergebnisse ist es sicher nachvollziehbar, dass eine Frau mit geistiger Behinderung bzw. ein Paar eine Schwangerschaft lange verschweigt. Hier ist die Angst davor, dass ihnen das Kind ausgeredet und eine Abtreibung empfohlen

---

[106] ebd., 81
[107] Rödiger, Allgemeiner Anzeiger Eichsfeld, 18. April 2012, 1
[108] ebd.
[109] Pixa-Kettner, Bargfrede2006 In: Pixa-Kettner (Hg.) 2006, 82
[110] Bundesminister für Gesundheit (Hrsg.), Pixa-Kettner/Bargfrede/Blanken 1996, 54
[111] ebd.

wird, zu groß.[112] Erfahren Unterstützerpersonen dann von der Schwangerschaft, ist meist noch wenig Zeit. Dennoch ist hier der Weg in eine **Schwangerschafts(konflikt)beratungsstelle** sehr entscheidend. Die werdenden Eltern haben ein Recht auf Informationen über den Verlauf der Schwangerschaft, die Geburt, die Zeit danach und sie haben auch ein Recht auf Unterstützung in dieser Zeit. MitarbeiterInnen in diesen Beratungsstellen sind Fachfrauen/männer zu allen Themen rund um Schwangerschaft und Geburt, so dass sie viele Fragen klären können und nötige Maßnahmen veranlasst werden können.[113]

Eine zweite wichtige Anlaufstelle ist das **Jugendamt**. Hier besteht die Möglichkeit während der Schwangerschaft Hilfen im Rahmen der Kinder- und Jugendhilfe anzunehmen. An dieser Stelle ist es entscheidend, Vertrauen zu den MitarbeiterInnen des Jugendamts aufzubauen, um später eine umfassende Unterstützung leisten zu können. Auch hier wird die werdende Mutter bzw. das Paar über Schwangerschaft und Geburt informiert. Während der Schwangerschaft wird vom Jugendamt ergänzende Unterstützung geleistet, wie zum Beispiel die Vermittlung an andere Professionelle. Neben der Schwangerschafts(konflikt)beratung ist eine **gynäkologische Behandlung** von enormer Wichtigkeit. Hier wird die schwangere Frau angemessen beraten und die medizinische Versorgung kann geleistet werden. Sinnvoll wäre auch der Besuch eines **Geburtsvorbereitungs- und Säuglingspflegekurses**. Auch der Kontakt zur **Hebamme** sollte rechtzeitig hergestellt werden, denn auch sie kann ausführlich über die Geburt informieren und Anleitung geben. Zusätzlich ist auch festzulegen, wer die werdende Mutter bei der Geburt begleitet und unterstützt. Das Jugendamt legt außerdem viel Wert auf die Vorbereitung der Lebenssituation und die Planung der Unterstützung nach der Geburt. Neben der Bedarfserhebung (Wohnsituation, erwartende Schwierigkeiten, Unterstützung in der Alltagspraxis, Pflege und Versorgung des Kindes etc.) muss auch ein Unterstützungsnetz aufgebaut werden (Hebamme, Familienmitglieder, Freunde, Kindsvater, etc.). Letztlich stellt sich die Frage, wie sich die wirtschaftliche Situation gestaltet (Beantragung von Kinder- und Elterngeld, Zuschüsse für die Erstausstattung etc.).[114] Im **Anhang 13 (Anhang 12: Leitfaden zu Begleitung von Schwangerschaften)** befindet sich ein Leitfaden zur Begleitung von Schwangerschaft, um einen Überblick über die notwendigen Schritte zu erlangen.

---

[112] ebd.
[113] Lenz u.a. 2010, 172
[114] ebd., 173

5.2 Unterstützungsnetzwerke als Hilfen bei der Ausübung der Elternschaft

Elternschaft findet heute bei behinderten und nichtbehinderten Menschen meistens durch eine Reihe von Unterstützern (Familie, Freunde, Nachbarn, Kindergärten, Schulen etc.) statt. An dieser Stelle ist zu bemerken, dass ein Unterstützungsnetzwerk auch dann wichtig ist, wenn eine geistige Behinderung nicht angeboren ist und erst im Laufe des Lebens entsteht. Möglicherweise ist die intensive Begleitung hier nicht von Geburt an notwendig, sondern erst später. Auch im folgenden Absatz wird auf die Studie von PIXA-KETTNER/BARGFREDE/BLANKEN zurückgegriffen, da es im deutschsprachigen Raum keine vergleichbare Untersuchung gibt.[115] Zunächst sollen die Begriffe Soziales Netzwerk und soziale Unterstützung geklärt werden.

Ein Soziales Netzwerk ist ein „(...) Beziehungsgeflecht eines einzelnen (sic!) mit Menschen seiner sozialen Umgebung."[116] Dabei wird unterschieden zwischen informellen (Familie, Freundeskreis, NachbarInnen, ArbeitskollegInnen) und formellen Beziehungen (professionelle Einrichtungen). Durch Kontakte zu pädagogischen und sozialen Berufen und zu Institutionen, nehmen die formellen Beziehungen bei Menschen mit Lernschwierigkeiten einen hohen Stellenwert ein. Die Qualität des sozialen Netzwerkes ist jedoch nicht von seiner Größe abhängig, sondern bestimmt sich im individuellen Kontext.[117]

Die ‚Soziale Unterstützung' ist der „(...) Grad der sozialen Bedürfnisbefriedigung eines Individuums durch signifikant andere Mitglieder seines sozialen Netzwerkes."[118] Diese zeigen sich in Form von praktischen Hilfen (z.B. Unterstützung im Haushalt), Rat und Information, emotionale Hilfen (z.B. Zuneigung, Einfühlungsvermögen), bewertungsbezogene Unterstützung (z.B. Wertschätzung) und soziales Beisammensein (Zugehörigkeit). Eine soziale Unterstützung muss nicht immer positiv sein, da eine erbrachte Leistung mit Erwartungen und Gegenerwartungen verbunden ist.[119]

---

[115] Schneider 2006 In: Pixa-Kettner (Hg.) 2006, 254
[116] Badura 1981, 25 In: Schneider 2006 In: Pixa-Kettner (Hg.) 2006, 254
[117] Schneider 2006 In: Pixa-Kettner (Hg.) 2006, 254
[118] ebd., 255
[119] ebd.

Eine gute soziale Unterstützung ist notwendig für Eltern, um einer Überforderung vorzubeugen und fehlende elterliche Kompetenzen auszugleichen. Laut PIXA-KETTNER/BARGFREDE/BLANKEN ist eine informelle Hilfe für Eltern mit Lernschwierigkeiten durch ihre Herkunftsfamilien jedoch selten vorhanden.[120] Leider bietet auch ihr eingeschränktes soziales Umfeld ihnen nicht die Möglichkeit Erfahrungen und Fähigkeiten durch Anschauen und Kopieren zu erlernen. Auch professionelle Hilfe ist für viele Eltern mit geistiger Behinderung aufgrund von Diskriminierungen, Vorurteilen oder mangelnder Ausbildung der MitarbeiterInnen nur schwer erhältlich. Mangelnde Schreib- und Lesefähigkeit können diese Isolation noch verstärken, da sie den Zugang zu Informationen über Ihre Rechte, sowie zu Beratungseinrichtungen erschweren. Spezielle Angebote für Eltern mit geistiger Behinderung sind viel zu selten zu finden und befinden sich aufgrund ihrer Minorität meist nicht in Wohnortnähe. Auch wird berichtet, dass professionelle Hilfe häufig wenig koordiniert sei, da oft mehrere MitarbeiterInnen gleichzeitig eine Familie betreuen und die Hilfeleistung durch unterschiedliche Ratschläge erschweren.[121]

Grundsätzlich ist zu sagen, dass funktionierende soziale Netzwerke wesentlich sind für das Gelingen der Elternschaft. Deshalb ist es die Aufgabe professioneller Helfer, stabile und langfristige Unterstützungsnetzwerke zu fördern. An dieser Stelle sollen unterstützende Beziehungen zu Nachbarn, Freunden und der weiteren Familie hergestellt werden. Auch müssen anderweitige Ressourcen genutzt werden und der Zugang zu öffentlichen Einrichtungen, wie Vereine, allgemeine Dienstleistungen oder Selbsthilfegruppen muss eröffnet werden. Dies dient dazu die Identität der Eltern als Mitglied der Gesellschaft zu bekräftigen und das Selbstbewusstsein und somit auch die eigenen Kompetenzen zu stärken. Die beste Form der Unterstützung ist eine Mischung aus formellen und informellen Beziehungen: „What worked best for the mothers in this study was when the mothers got help, both from their extended family and the service system. The mothers said that their families gave them the most important support to keep their children."[122] Jedoch sollten Eltern mit Unterstützungsbedarf (und andere Eltern auch) immer die Wahlmöglichkeit haben, wie und durch wen sie unterstützt werden. Die-

---

[120] Bundesminister für Gesundheit (Hrsg.), Pixa-Kettner/Bargfrede/Blanken 1996, 71
[121] Schneider 2006 In: Pixa-Kettner (Hg.) 2006, 257 ff.
[122] Traustadóttir & Sigurjónsdóttir 2000, 254 In: Schneider 2006 In: Pixa-Kettner (Hg.) 2006, 257 ff.
zu Deutsch: Was am besten für die Mütter in dieser Studie funktionierte war, wenn die Mütter Hilfe bekamen aus ihrer Großfamilie und dem Service-System. Die Mütter sagten, dass ihre Familien ihnen die wichtigste Unterstützung war, ihre Kinder zu behalten.

se Hilfeleistung müsste dann individuell auf die jeweilige/n Person/en zugeschnitten sein und an die spezifischen Bedürfnisse angepasst werden. Netzwerkarbeit ist hier als ein Teil der professionellen Arbeit zu sehen, wobei informelle Netzwerke nie formelle ersetzen sollten.[123]

5.3 Hilfen bei der Ausübung der Elternschaft durch die Bundesarbeitsgemeinschaft ‚Begleitete Elternschaft'

In den vergangenen Jahren haben sich die Unterstützungsmöglichkeiten für Eltern mit geistiger Behinderung in Deutschland positiv entwickelt. Erste Projekte entstanden dennoch erst 1998/1999 in Zusammenarbeit der Arbeiterwohlfahrt Bremen mit der Universität Bremen („Expertise über Beratung und Begleitung von Eltern mit Behinderung"). Mittlerweile gibt es 30 Einrichtungen (Stand 05/2012), welche sich im Rahmen der Bundesarbeitsgemeinschaft ‚Begleitete Elternschaft' organisieren (**Anhang 14: Mitgliederliste der Bundesarbeitsgemeinschaft ‚Begleitete Elternschaft'**).[124] Im Folgenden soll ein Überblick über die aktuellen Betreuungsmöglichkeiten anhand der Bundesarbeitsgemeinschaft (BAG) ‚Begleitete Elternschaft' gegeben werden.

5.3.1 Die Bundesarbeitsgemeinschaft ‚Begleitete Elternschaft'

Die Bundesarbeitsgemeinschaft ‚Begleitete Elternschaft' wurde im Jahr 2002 auf Initiative von STEFANIE BARGFREDE hin gegründet. Aus zunächst 13 Einrichtungen in Deutschland, die sich besonders mit der Thematik „Eltern mit geistiger Behinderung" befassten, entstand bis heute eine Gemeinschaft aus 30 Projekten bzw. Institutionen. Die meisten hatten aus eigener Erfahrung die Hindernisse und Barrieren bei der Umsetzung eines Unterstützungsangebotes für Eltern mit einer geistigen Behinderung kennen gelernt. Sie kannten auch die Besonderheiten bei der Unterstützung dieser Eltern. „Durch den Zusammenschluss verschiedener Einrichtungen erhofften sie sich eine Interessengemeinschaft, die es gemeinsam leichter haben würde, das Thema weiter in die Öffentlichkeit zu bringen und angemessene Unterstützungsangebote weiter zu entwickeln."[125]

---

[123] Schneider 2006 In: Pixa-Kettner (Hg.) 2006, 272 ff.
[124] http://www.begleiteteelternschaft.de/unterstuetzungsangebote.html, 04.05.2012
[125] www.begleiteteelternschaft.de/gruendung

5.3.2 Ziele und Aufnahmebedingungen

Ziel der Begleiteten Elternschaft ist es, die Eltern dabei zu unterstützen, die Verantwortung für ihre Kinder zu übernehmen. Sie sollen also die Bedürfnisse ihrer Kinder wahrnehmen können und diese auch befriedigen.[126] Daraus ergibt sich das übergeordnete Ziel, dass die Begleitete Elternschaft den Eltern mit geistiger Behinderung eine Möglichkeit bietet, mit ihren Kindern zusammen zu leben. Eine Fremdunterbringung soll verhindert werden. Zusätzlich ist es eine Absicht dieses Konzeptes, dass die Eltern ihr Kind weitestgehend selbst versorgen können mit einer Perspektive auf möglichst wenig Betreuung. Aber auch die Trennung von Eltern und Kind muss berücksichtigt und bearbeitet werden, wenn ein Zusammenleben nicht möglich ist. [127]

Dazu gibt es signifikante Aufnahmebedingungen: Erst einmal ist die Bereitwilligkeit zur Kooperation der Eltern mit dem Fachpersonal erforderlich. Die Eltern müssen einsehen, wie wichtig die Umsetzung der Hilfeplanung ist. Eine weitere Voraussetzung ist die emotionale Bindungsfähigkeit der Eltern, außerdem müssen sie das Kind und sich selbst wenigsten teilweise selbst versorgen können. Natürlich hat das Wohl des Kindes höchste Priorität, weshalb eine Kindeswohlgefährdung ausgeschlossen werden muss.

5.3.3 Räumliche Ausstattung

Hierbei wird unterschieden zwischen ambulanten und stationären Einrichtungen. Bei der ambulanten Begleiteten Elternschaft mieten die Eltern meist selbst Wohnungen an und werden zu regelmäßigen von dem Personal besucht. Sie können sich bei Fragen meist zusätzlich in einer zentralen Beratungsstelle einfinden.

Die stationären Einrichtungen bieten meist Zweizimmerwohnungen. Daneben wird das Bad und die Küche vielmals von zwei bis drei Müttern gemeinsam genutzt, wobei der Gemeinschaftsraum und das gemeinsame Spielzimmer von allen Müttern und Kindern genutzt werden kann. Oftmals findet sich auch ein Kinderbereich, in dem die Kinder eine adäquate Betreuung und Förderung erhalten.[128]

---

[126] Lenz u.a. 2010, 199
[127] Bargfrede 2006 In: Pixa-Kettner (Hg.) 2006, 290
[128] ebd., 291

5.3.4 Aufgaben und Qualifikation der BegleiterInnen

In der Regel wird jede Familie von einem festen Betreuungsteam bestehend aus zwei MitarbeiterInnen begleitet und unterstützt[129]. Dies dient dazu, dass die UnterstützerInnen sich gegenseitig kontrollieren, aber auch helfen können um so nicht in den Sog der Familiendynamik zu geraten. Außerdem kann das Aufgabenspektrum so besser aufgeteilt werden.[130]

Das Personal hat umfassende Aufgaben. Zunächst muss es die Bedürfnisse aller Familienmitglieder im Blick haben, wobei das oberste Ziel selbstverständlich das Wohl des Kindes und seine altersgerechte Entwicklung ist. Hierbei ist zu beachten, dass jede Familie eine individuelle Unterstützung benötigt. Dabei reicht die Arbeitsweise von einer Informationsvermittlung, über die Mithilfe bei verschiedenen Tätigkeiten, bis hin zu vorübergehenden vollständigen Übernahme von verschiedenen Aufgaben. Eine Überforderung der Eltern soll vermieden werden. In der Unterstützung müssen die Ressourcen aller Familienmitglieder vollständig genutzt werden.[131]

Die Fachkräfte in der Begleiteten Elternschaft müssen über umfassendes Wissen bezüglich der Arbeit mit Kindern verfügen. Essentiell sind dabei die kindlichen (Grund-)Bedürfnisse und die Entwicklungsstadien. Aber auch Methoden zur Bedürfnisbefriedigung und Erziehungsmethoden sollten zu ihrer Kenntnis gehören. Des Weiteren gehören die Strukturen der Behinderten- und Jugendhilfe vor Ort, sowie die rechtlichen Rahmenbedingungen und die vorhandenen Angebote zu wichtigen Grundlagen der Arbeit in der Begleiteten Elternschaft. Bei der Begleitung der Familie durch unterschiedliche Institutionen und Personen (z.B. Jugendamt, gesetzliche Betreuung, Tagesmutter, Kindergarten, Schule, TherapeutInnen) übernimmt das Personal häufig die Rolle der/des Case Managerin/s. Außerdem können weitere Kenntnisse der Arbeit zugutekommen: Erfahrungen bezüglich der Gesprächsführung, systemisches Arbeiten, Erziehungsprogramme, Fachkenntnisse zu verschiedenen zusätzlichen Problematiken bei Eltern und Kindern (psychische Erkrankungen, Sucht, ADHS etc.).[132]

---

[129] dies nennt man das Betreuungskonzept; bedeutet nicht, dass die HelferInnen gleichzeitig in jeder Familie sind, sondern sich nach den in den Hilfeplänen festgelegten Stunden aufteilen
[130] Bargfrede 2006 In: Pixa-Kettner (Hg.) 2006, 292
[131] Lenz u.a. 2010, 209ff.
[132] ebd., 210f.

5.3.5 Rechtliche Grundlagen und Finanzierung

Rechtliche Grundlagen für die Elternschaft von Menschen mit geistiger Behinderung, aber auch Aussagen zu Finanzierung sind im Kapitel vier dieser Arbeit beschrieben. Zusammenfassend sollen feststehende rechtliche Grundlagen für die Begleitete Elternschaft kurz erläutert werden:

- „Art. 6 des Grundgesetzes: Recht auf Elternschaft
- Art. 3.3 des Grundgesetzes: Benachteiligungsverbot behinderter Menschen
- §1666 BGB: Maßnahmen des Kinderschutzes
- §1666a BGB: Priorität von öffentlichen Hilfen vor der Trennung von Eltern und Kind
- Eingliederungshilfe gemäß §§53,54 ff. SGB XII
- Hilfen zur Erziehung gemäß §§ 27 ff. SGB VIII"[133]

Die Finanzierung begleitender Hilfen ist dehnbar. Lebten die Eltern vor der Geburt ihres Kindes in einer stationären Einrichtung, wurde der Platz nach der Geburt vom überörtlichen Träger der Sozialhilfe bezahlt. Nach §§53 und 54 SGB XII haben sie einen Anspruch auf Eingliederungshilfe, wenn sie dem Personenkreis „Menschen mit geistiger Behinderung" angehören. Außerdem können sie nach §55 SGB XII Leistungen zur Teilhabe am Leben in der Gemeinschaft erhalten. Anders ist dies, wenn die Eltern zuvor in einer ambulant betreuten Wohnform lebten und nun mit dem Kind eine stationäre Wohnform brauchen. Hier ergibt sich ein Problem. Eine stationäre Unterbringung wird nun vom übergeordneten Sozialhilfeträger nicht finanziert, da sie für die Eltern allein nicht notwendig ist.[134]

Die Unterbringung des Kindes wird vom Jugendamt der Kommune finanziert. Hier gelten die Hilfen zu Erziehung (§27 SGB VIII), wie die sozialpädagogische Familienhilfe (§ 31 SGB VIII). Die Entscheidung der Hilfeart geschieht durch mehrere Fachkräfte auf Grundlage eines individuellen Hilfeplanes. Nach §19 SGB VIII wird eine stationäre Unterbringung von Eltern und Kind gemeinsam jedoch nur bis zum sechsten Lebensjahr des Kindes finanziert. Eine Begleitung von Eltern mit geistiger Behinderung ist jedoch meistens länger notwendig, weshalb es in Deutschland mit vier Einrichtungen, die eine stationäre Unterstützung bis um 18. Lebensjahr

---

[133] Bargfrede 2006 In: Pixa-Kettner (Hg.) 2006, 293
[134] Kreisz 2009, 92f.

ermöglichen, leider noch viel zu wenige Möglichkeiten dieser Art der Unterbringung gibt.[135]

Die ambulante Wohnform wird in den meisten Bundesländern als eine „besondere Form des betreuten Einzelwohnens" bezeichnet und somit durch den zuständigen Sozialhilfeträger finanziert, nicht durch das Jugendamt.

Insgesamt wird die Unterstützung in den Familien meist durch eine gemischte Finanzierung gewährleistet. Besonders im ambulanten Bereich finanziert sich die Unterstützung oft aufgrund von Einzelfallentscheidungen, wobei größtenteils Leistungen des Jugendhilfeträgers (Hilfen zur Erziehung) und Leistungen des zuständigen Sozialhilfeträgers (Eingliederungshilfe) kombiniert werden.[136] Dieser Doppelcharakter hat, wie bereits erwähnt, zur Folge, dass sich oft beide Träger für unzuständig erklären und auf die vorrangige Leistungspflicht des jeweiligen Anderen verweisen.[137]

5.3.6 Arbeitsweisen/ Methoden

„Die Einrichtungen für unterstützte Elternschaft arbeiten nach einem systemischen ganzheitlichen Ansatz, der die Gesamtfamilie mit ihren inneren und äußeren Strukturen wahrnimmt."[138] Bei diesem Ansatz werden die Beziehungsstrukturen, die Sozialisationsbedingungen und die wirtschaftlichen Verhältnisse in einem Kontext betrachtet. Die Absicht ist dabei die Begleitung, Beratung und Unterstützung der Eltern und Kinder. Dabei wird Verhältnis zwischen diesen beiden gefördert und die Eltern sollen stabilisiert werden.[139]

Das methodische Vorgehen ist dabei prinzipiell gleich: gemeinsame Gespräche, Erklären, Vormachen und gemeinsames Tun sind Basis der Arbeit. Die Begleitung der Eltern wird im Sinne des Grundsatzes ‚Hilfe zur Selbsthilfe' ausgeführt. So können die Eltern nach erfolgreicher Intervention das Familienleben selbstbestimmt gestalten, ihre Rolle und Aufgaben als Mutter/ Vater wahrnehmen, sowie ihre elterlichen Kompetenzen ausbauen. Zusätzlich ist das Wohl des Kindes zu

---

[135] ebd.
[136] Bargfrede 2006 In: Pixa-Kettner (Hg.) 2006, 293f.
[137] Zinsmeister 2006, 10
[138] Bargfrede 2006 In: Pixa-Kettner (Hg.) 2006, 294
[139] ebd.

schützen und dessen Entwicklung ist ebenfalls zu fördern.[140] Wichtig ist dabei auch, dass nicht nur Hilfepläne für die Eltern erstellt werden, sondern dass das Kind nicht aus dem Fokus geraten darf, weshalb auch für dieses ein Hilfeplan formuliert wird, die dessen Perspektiven und Förderung enthält.[141]

Vermittlung von Informationen

Die Informations- und Wissensvermittlung sind grundlegende Methoden in der Unterstützungsarbeit. Menschen mit einer geistigen Behinderung können meist nicht, oder nur unzureichend lesen und es fällt ihnen oft schwer den Sinnzusammenhang aus komplexen Texten zu erkennen, wenn sie lesen können. Daher ist die Informationsvermittlung mittels schriftlichen Medien nur schwer einsetzbar. Gerade aus diesem Grund spielt die Vermittlung von Wissen eine wichtige Rolle in der Begleiteten Elternschaft. Wissensvermittlung sollte in einfacher Sprache erfolgen. Auf Fremdwörter ist in einem solchen Gespräch zu verzichten und die Sätze sollten einfach aufgebaut sein. Häufig ist es sinnvoll, sich über Rückfragen zu vergewissern, dass das Besprochene auch verstanden wurde. Zudem ist es möglich Kenntnisse über Piktogramme zu vermitteln. Es ist wichtig zu entscheiden, welches Wissen für die Eltern relevant sein kann, um sie nicht zu überhäufen.[142]

Alltagssituationen begleiten

Die Begleitung von Alltagssituationen (Nachmittagsgestaltung, Weg in die Kindertagesstätte etc.) dient dazu, dass Fachleute die Eltern im Umgang mit ihren Kindern beobachten können. Sie können so mögliche Ressourcen entschlüsseln und auch Schwierigkeiten der Eltern, der Kinder, der Familien erkennen. Die Ressourcen können gezielt für eine andere Situation genutzt werden, um so das Selbstwertgefühl der jeweiligen Person zu stärken. Bei schwierigen Situationen kann gezielt nach Lösungen gesucht werden. Möglicherweise übernehmen Eltern Handlungsmuster, die die Fachkräfte in unterschiedlichen Situationen vorgeben (wie z.B. dass Kinder vor dem Essen die Hände waschen). Dies muss jedoch besprochen und erprobt werden.[143]

---

[140] Kreisz 2009, 95
[141] Bargfrede 2006 In: Pixa-Kettner (Hg.) 2006, 294
[142] Lenz u.a. 2010, 203f., beispielsweise könnte hier auch die Vermittlung von Informationen mittels eines Lernvideos eingesetzt werden, so würde auch das Betreuerteam entlastet werden
[143] ebd., 204

Beratungsgespräche

Die Beratung hat als Ziel, die Eltern zu befähigen, eigene Lösungen zu finden. Aus diesem Grund ist sie auch eine notwendige Methode unter dem Grundsatz ‚Hilfe zur Selbsthilfe'. Die Eltern können so eigene Entscheidungen treffen. Ihnen wird etwas zugetraut. Häufiger Bestandteil der Beratung ist die Informations- und Wissensvermittlung. Diese zeigt jedoch ergänzenden Charakter. Im Gespräch wird das Problem beschrieben und gemeinsam nach einer Lösung und nach den nächsten Schritten gesucht. Zunächst sollen die Eltern zwar selbst nach einer Lösung suchen, wenn dies jedoch nicht gelingt kann die/der BeraterIn Vorschläge machen. Dabei sollten die Ressourcen der Eltern berücksichtigt werden.[144]

Erläutern und Erlernen

Für das Erläutern und das Einüben ist eine enge Verzahnung aller Bereiche notwendig. Hierzu zählen reflektierende Gespräche, das gemeinsame Suchen nach Lösungsmöglichkeiten, wenn nötig, die Übernahme einer Vorbildfunktion durch die Fachkraft und eine enge Begleitung bei der Umsetzung des neuen Verhaltens. Anleitung und Einüben bezieht sich dabei nicht nur auf einzelne Fertigkeiten (wie Fläschchen zubereiten), sondern auch auf komplexe Handlungsmuster, welche gezielt eingeübt und anschließend reflektiert werden müssen.[145]

Übernahme von Tätigkeiten, Entlastungsgespräche

In manchen Situationen ist es erforderlich, dass Fachkräfte einige Tätigkeiten übernehmen oder zumindest begleiten. Manchmal sind Eltern mit einer geistigen Behinderung zu bestimmten Dingen nicht in der Lage (wie z.B. die Absprache eines komplexen Arzttermins). Die Übernahme von elterlichen Aufgaben kann auch dazu dienen, eine Überforderung zu vermeiden. Dies reicht von Haushaltsaufgaben bis hin zur Kinderbetreuung (wenn die Eltern Zeit für sich allein benötigen). Zusätzlich spielen Entlastungsgespräche eine enorme Rolle, bei denen sich die Fachkräfte der Begleiteten Elternschaft als GesprächspartnerIn beziehungsweise als ZuhörerIn zur Verfügung stellen. Hier werden die Eltern durch eine emotionale Unterstützung entlastet und können sich ‚den Kummer von der Seele reden'. Die-

---

[144] entspricht der Arbeit nach dem Ressourcenkonzept von Frank Nestmann
[145] ebd. 205f.

se Gespräche lösen Anspannungen und haben auch einen reflektierenden Effekt.[146]

Aufbau und Koordination des sozialen und institutionellen Netzwerkes

Zu den Aufgaben der Fachkräfte in der Begleiteten Elternschaft gehört es auch, ein Netzwerk aufzubauen, also gemeinsam zu überlegen, wer die Familie wie zusätzlich unterstützen kann. Dazu können die Herkunftsfamilie, Nachbarn, Freunde, Bekannte (soziales Umfeld) und auch KinderärztInnen, ErzieherInnen der Kindertagesstätte, LehrerInnen (institutionelles Netzwerk) zählen. Auf der einen Seite geht es darum, das bestehende Netzwerk zu analysieren, andererseits ist es wichtig dieses zu erweitern und abzuklären, welche Aufgabe noch von wem übernommen werden kann.[147]

Termine und Gespräche begleiten

Ein wichtiger Bestandteil bei der Unterstützung von Eltern mit einer geistigen Behinderung ist die Begleitung zu Terminen. Dies kann aus ganz unterschiedlichen Gründen notwendig sein. Einerseits stellt es, wegen fehlender zeitlicher und/oder räumlicher Orientierung des Klienten, das Einhalten des Termins an sich sicher. Als weiterer Punkt nehmen Eltern mit Unterstützungsbedarf Termine oft nicht wahr, weil sie unsicher sind, was auf sie zukommt. Termine werden auch begleitet, damit das Besprochene in der Unterstützung weiterverfolgt werden kann. Es gibt vielfältige Gründe für die Begleitung der Eltern zu verschiedenen Terminen. Sie muss jedoch immer individuell vorher abgestimmt sein und die Notwendigkeit sollte sorgfältig abgewogen werden.[148]

Förderung der Kinder

Die Eltern zu unterstützen und die Kinder in ihrer Entwicklung zu fördern ist ein vorrangiges Ziel der Begleiteten Elternschaft. Dies geschieht in Form von Anregung, durch Weiterleitung von Informationen oder Beratungsgespräche, oder auch in Form eines Vorbildes. Zusätzlich bekommen die Kinder spezielle ‚Förderstunden', in denen gezielt bestimmte Bereichen ihrer Entwicklung angeregt werden.[149]

---

[146] ebd. 206f.
[147] ebd., 207
[148] ebd., 207f.
[149] ebd. 208f.

So kann auch eine mögliche Entwicklungsverzögerung festgestellt und durch diese oder andere Fachkräfte rechtzeitig kompensiert werden.[150]

5.3.7 Schlussbemerkung

Schlussfolgernd lässt sich sagen, dass das Thema Elternschaft von Menschen mit geistiger Behinderung durch Projekte wie die Begleitete Elternschaft der BAG einen positiven Kurs einschlägt. Dennoch ist die Bundesrepublik Deutschland von einer ausreichenden Versorgungssituation weit entfernt. Viele Eltern müssen sich noch auf ihr soziales Umfeld verlassen, von dem sie, wie in Punkt ‚5.2 Hilfe bei der Ausübung der Elternschaft durch Unterstützungsnetzwerke' beschrieben, leider nur wenig Beistand erfahren. Dies widerspricht den Grundsätzen des Sozialstaates und verstößt klar gegen das Benachteiligungsverbot. Aus diesem Grund sollten entgegen der heutigen Praxis in allen Bundesländern bedarfsgerechte Angebote der Familienbegleitung für Menschen mit geistiger Behinderung geschaffen werden. So würde es keine Trennung von Eltern und Kind aufgrund von fehlenden Unterstützungsmöglichkeiten geben.[151]

---

[150] Kreisz 2009, 98
[151] Bargfrede 2006 In: Pixa-Kettner (Hg.) 2006, 298f.

6 Schlussfolgerungen für die Soziale Arbeit

Gegenstandsbereich der Sozialen Arbeit sind soziale Problemlagen.[152] Soziale Probleme im Fall der Individuen beziehen sich auf soziale und kulturelle Barrieren, die es ihnen erschweren oder verhindern, ihre Bedürfnisse zu befriedigen. Das Ausmaß reicht von sozialer Benachteiligung, fehlender sozialraumbezogenen Infrastruktur, fehlender Handlungskompetenz, sozialer Isolation bis hin zu Vorurteilen und Armut.[153] Bei einer Elternschaft von Menschen mit geistiger Behinderung muss es nicht zwangsweise zu einer sozialen Problemlage kommen, jedoch ist es hier, wie bei allen anderen Elternschaften auch, erdenklich. Dadurch, dass Menschen mit Behinderung im Allgemeinen einen höheren Unterstützungsbedarf haben, ist die Wahrscheinlichkeit der Steigerung des Hilfebedürfnisses während und nach einer Schwangerschaft, durch die stärkere emotionale und kognitive Belastung und die neue Lebenssituation, sehr hoch.

Bis sich in den 60er Jahren der Beruf der/des Heilerziehungspflegers/in etablierte, hatte die Behindertenhilfe lange Zeit mit einem Fachkräftemangel zu kämpfen. Heute sind in den Beratungs- und therapeutischen Bereichen, sowie in der Leitungsfunktion zunehmend HeilpädagogInnen und SozialarbeiterInnen tätig.[154] Für die Arbeit in der Begleitung und Beratung von Menschen mit Behinderung und ihren Kindern sind verschiedene Qualifikationen notwendig. Hierzu zählen Erfahrungen in der Arbeit mit Menschen mit intellektuellen Beeinträchtigungen sowie Erfahrungen in der Arbeit mit Kindern. Laut LENZ U.A. hat sich ein gemischt qualifiziertes Team aus Diplom-PädagogInnen, SozialpädagogInnen, SozialarbeiterInnen, ErzieherInnen und sogenannten Ergänzungskräften bewährt.[155]

Der § 6 des THÜRINGER GESETZES ZUR AUSFÜHRUNG DES SCHWANGERSCHAFTSKONFLIKTGESETZES[156] verweist in der Suche nach der personellen Ausstattung der genannten Beratungsstellen auf die THÜRINGER SCHWANGERSCHAFTSKONFLIKTBERATUNGSSTELLENVERORDNUNG. Hier ist in § 2 Abs. 2 festgelegt, wer als Berufsfachkräfte in Betracht kommt:

---
[152] Schilling, Zeller 2010, 140
[153] Lenz u.a. 2010, 199
[154] Thesing u.a. 2008, 208
[155] Lenz u.a. 2010, 222
[156] www.thueringen.de/thuerschkg auch: Thüringer Schwangerschaftskonfliktgesetz (-ThürSchKG-) vom 16. Dezember 2005,

1. „Diplomsozialarbeiter / Diplomsozialpädagogen,
2. staatlich anerkannte Sozialarbeiter / Sozialpädagogen,
3. Fachkräfte mit vergleichbaren Fachhochschul- oder Hochschulabschlüssen im Sozialwesen,
4. Diplompsychologen,
5. Ärzte sowie
6. Fachkräfte, die über eine vergleichbare berufliche Qualifikation verfügen und durch das für Schwangerschafts- und Schwangerschaftskonfliktberatung zuständige Ministerium bereits anerkannt worden sind."[157]

Dies zeigt, dass in den Schwangerschaftskonfliktberatungsstellen die Soziale Arbeit stark vertreten ist.

Die Angebote in Beratungsstellen für schwangere Frauen sind für Menschen mit und ohne Behinderung offen. Die BeraterInnen in diesen Einrichtungen verfügen über viele wichtige Kompetenzen, wie Wissen über Sexualität, Verhütung, Elternschaft oder Partnerschaftskonflikte und ein großes Einfühlungsvermögen, was in diesen Einrichtungen sehr wichtig ist. In der Regel verfügen sie jedoch nicht über eine Sonder- oder Heilpädagogische (Zusatz-)Ausbildung und damit über behindertenspezifische Kenntnisse.[158] Aus diesem Grund werden im Folgenden nochmal einige Voraussetzungen für die Arbeit mit geistig behinderten Menschen aufgeführt:

Die Voraussetzung für die Arbeit mit geistig behinderten Eltern ist zunächst der Aufbau einer tragfähigen Beziehung. Zusätzlich ist aber auch ein umfangreiches Fach- und Methodenwissen und dessen Anwendung notwendig, was sich auch in der Arbeit mit nicht-behinderten Menschen widerspiegelt.[159] Die Materialen für die Vermittlung von Informationen an Menschen mit intellektuellen Beeinträchtigungen sollten anschaulich sein. Gleichermaßen sind Fachbegriffe in der Beratung unvorteilhaft. Die Sprache sollte leicht verständlich und einfach sein. „Eine behindertengerechte Beratung sollte an regionale Unterstützungsmöglichkeiten, z.B. Selbsthil-

---

[157] www.thueringen.de/thuerschkbvo, Thüringer Verordnung über die Anforderungen an Schwangerschaftskonfliktberatungsstellen und deren Anerkennung (-ThürSchKBVO-) vom 31. Mai 2006
[158] Ribbert 2006 In: AWO (Hrsg.) 2006, 22
[159] Lenz u.a. 2010, 199

fegruppen verweisen können."¹⁶⁰ Auch die rechtlichen Aspekte, wie beispielsweise die Sterilisation oder die Geschäftsfähigkeit, gehören zum Grundwissen in einer Beratung von Menschen mit Behinderung. Ebenso wichtig sind die Möglichkeiten der Lebensform, wie das Betreute Wohnen, oder die persönliche Assistenz. Das Wichtigste jedoch ist die Offenheit und die Ehrlichkeit gegenüber dem Menschen. Nur so kann eine Beratung mit ihm eingegangen werden. Aus diesem Grund sollten BeraterInnen auch ihre Haltung gegenüber Menschen mit Behinderung und deren Liebesleben prüfen.[161]

---

[160] Ribbert 2006 In: AWO (Hrsg.) 2006, 23
[161] ebd.

7 Zusammenfassung

Unter Betrachtung der Fragestellungen ist eine Elternschaft von Menschen mit geistiger Behinderung rein rechtlich selbstverständlich realisierbar. Die Gesellschaft ist in Bewegung und es entsteht heute glücklicherweise eine andere, gerechtere Sichtweise auf Menschen mit Behinderung. Die Richtlinien des Grundgesetzes werden ernst genommen und lassen somit zu, dass Menschen mit Behinderung die gleichen Rechte bekommen, wie Menschen ohne Behinderung.

Die Zahlen der Elternschaften von Menschen mit geistiger Behinderung steigen. Dies ist sicherlich ein Grund für die Verbesserung der Unterstützungsmöglichkeiten. Andererseits gibt es erst seit wenigen Jahren Wohnformen, welche einen sexuellen Kontakt zwischen Menschen mit geistiger Behinderung erst zu lassen. Zuvor wurden sie getrenntgeschlechtlich und oft sogar in Gruppen untergebracht. Ein sexueller Kontakt fand hier meist nicht statt. Auch die Untersagung der Zwangssterilisation durch das Betreuungsgesetz vom 1. Januar 1992[162] trägt dazu bei, dass eine Elternschaft von Menschen mit geistiger Behinderung erst möglich gemacht wird. Eine Sterilisation gegen den Willen des Betroffenen ist seit dem in der Bundesrepublik Deutschland verboten. Es gehören viele Faktoren dazu, dass Eltern mit geistiger Behinderung die Chance bekommen ein Kind zur Welt zu bringen. Dieses Kind dann auch groß zu ziehen bedarf weiterer Unterstützungsleistungen und Hilfsangebote. Leider gibt es in Deutschland noch immer zu wenig davon. Die BAG Begleitete Elternschaft deckt längst nicht alle Anfragen ab und hat zudem für viele werdende Eltern einen Umzug zur Folge, da es kaum Einrichtungen zur Unterstützung in ihrer Nähe gibt. Wenige Schwangerschaftskonfliktberatungsstellen beachten das Thema Elternschaft von Menschen mit geistiger Behinderung. Durch Barrieren in der Schriftsprache bekommen die werdenden Mütter auch keine Möglichkeit, sich von selbst an eine Beratungsstelle zu wenden.

Damit möchte ich aufzeigen, dass noch viele Maßnahmen möglich sind, um eine Elternschaft von Menschen mit geistiger Behinderung gelingend durchzuführen. Der Start ist getan und sollte auch zu einer anderen Sichtweise in der Gesellschaft führen. Bis dahin haben wir jedoch leider noch einen langen Weg vor uns.

---

[162] § 1631c BGB

8 Quellenverzeichnis

Allgemeiner Anzeiger Eichsfeld (2012). 20. Jahrgang, Nr. 16. 18. April 2012. Auflage 44.

AWO Arbeiterwohlfahrt Bundesverband e.V. (Hrsg.) (2006).
Praxisleitfaden ‚Liebe(r) selbstbestimmt' für die psychosoziale Beratung und sexualpädagogische Arbeit mit Menschen mit Behinderung der Arbeiterwohlfahrt (AWO). Bonn.

Bargfrede, Stefanie (2006). Unterstützungsmöglichkeiten für Eltern mit geistiger Behinderung in Deutschland.
In: Pixa-Kettner, Ursula (Hg.) (2006). Tabu oder Normalität?. Eltern mit geistiger Behinderung und ihre Kinder. Heidelberg. 283-300.

BGB Bürgerliches Gesetzbuch (2011). 68. Auflage. München.

Bundesminister für Gesundheit (Hrsg.). Pixa-Kettner, Ursula; Bargfrede, Stefanie; Blanken, Ingrid (1996).
Dann waren sie sauer auf mich, daß ich das Kind haben wollte... Eine Untersuchung zur Lebenssituation geistigbehinderter Menschen mit Kindern in der BRD. Baden-Baden.

Bundesvereinigung Lebenshilfe (Hrsg.) (2009). Sexualpädagogische Materialien für die Arbeit mit geistig behinderten Menschen. Weinheim und München.

Fornefeld, Barbara (2004). Einführung in die Geistigbehindertenpädagogik. 3. Auflage. München

Grundgesetz für die Bundesrepublik Deutschland (2007). Achte Auflage. Baden-Baden

Hülshoff, Thomas (2004). Geistige Behinderung. Grundlagen.
In: Schwarzer (Hrsg.) (2004). Lehrbuch der Sozialmedizin für Sozialarbeit, Sozial- und Heilpädagogik. 5. Auflage. Dortmund. 191-204

Kohl, Jürgen (2012). Rechtliche Grundlagen. Zusatzqualifikation Frühkindliche Bildung und Erziehung. Bergschule St. Elisabeth in Heilbad Heiligenstadt

Kreisz, Linda (2009). Wenn Mama und Papa anders sind. Sozialethische Betrachtung der Elternschaft von Menschen mit geistiger Behinderung. Marburg.

Lenz, Albert; Riesberg, Ulla; Rothenberg, Birgit; Sprung, Christina (2010). Familie leben trotz intellektueller Beeinträchtigungen. Begleitete Elternschaft in der Praxis. Freiburg im Breisgau

Neuhäuser, Gerhard; Steinhausen, Hans-Christoph (Hrsg.) (1999). Geistige Behinderung. Zweite überarbeitete Auflage. Stuttgart.

Pixa-Kettner, Ursula (Hg.) (2006). Tabu oder Normalität?. Eltern mit geistiger Behinderung und ihre Kinder. Heidelberg.

Pixa-Kettner, Ursula; Bargfrede, Stefanie (2006). Kinderwunsch von Menschen mit geistiger Behinderung.
In: Pixa-Kettner, Ursula (Hg.) (2006). Tabu oder Normalität?. Eltern mit geistiger Behinderung und ihre Kinder. Heidelberg. 73-86

Ribbert, Bärbel (2006). Beratung zu Sexualität, Schwangerschaft und Familienplanung.
In: AWO Arbeiterwohlfahrt Bundesverband e.V. (Hrsg.) 2006. Praxisleitfaden ‚Liebe(r) selbstbestimmt' für die psychosoziale Beratung und sexualpädagogische Arbeit mit Menschen mit Behinderung der Arbeiterwohlfahrt (AWO). Bonn. 21-25

Richter, Franziska (2007). Die Sexualität im Leben von Menschen mit geistiger Behinderung. Bad Langensalza

Rödiger, Stefanie (2012). Eltern auf Probe.
In: Allgemeiner Anzeiger Eichsfeld. 20. Jahrgang, Nr. 16. 18. April 2012. Auflage 44. 1

Schilling, Johannes; Zeller, Susanne (2010). Soziale Arbeit. Geschichte-Theorie-Profession. München.

Schneider, Petra (2006)."Bin ich auch froh, wenn ich so Hilfe habe."- Unterstützungsnetzwerke von Eltern mit Lernschwierigkeiten unter Einbezug der Sicht einer betroffenen Mutter.
In: Pixa-Kettner, Ursula (Hg.) (2006). Tabu oder Normalität?. Eltern mit geistiger Behinderung und ihre Kinder. Heidelberg. 253-282

Schwarzer (Hrsg.) (2004). Lehrbuch der Sozialmedizin für Sozialarbeit, Sozial- und Heilpädagogik. 5. Auflage. Dortmund.

SGB (2008). Sozialgesetzbuch. Bücher I-XII. München

Stange, Prof. Dr. Karl-Heinz (2010). Modellprojekt zur Qualifizierung von Schulbegleitern und Schaffung von Netzwerken für die gelungene schulische Integration in Thüringen - QuaSI -. Zweiter Zwischenbericht. Berichtzeitraum 01.01. - 31.12.2010. Inklusion und Schulbegleitung in Thüringen. Erfurt.

Stier, Julia (2004). Das Normalisierungsprinzip – eine Chance für Menschen mit geistiger Behinderung. Jena.

Thesing, Theodor; Geiger, Bettina; Erne-Herrmann, Petra; Klenk, Christina (2008). Sozialpädagogische Praxisfelder. Ein Praxisbuch. 2. Auflage. Freiburg im Breisgau

Vlasak, Annette (2006). Rechtliche Grundlagen bezüglich Sexualität, Partnerschaft und Elternschaft von Menschen mit geistiger Behinderung.
In: AWO Arbeiterwohlfahrt Bundesverband e.V. (Hrsg.) 2006. Praxisleitfaden ‚Liebe(r) selbstbestimmt' für die psychosoziale Beratung und sexualpädagogische Arbeit mit Menschen mit Behinderung der Arbeiterwohlfahrt (AWO). Bonn. 141-161

Vlasak, Annette (2006). Rechtliche Fragen im Zusammenhang der Elternschaft von Menschen mit geistiger Behinderung.
In: Pixa-Kettner, Ursula (Hg.) (2006). Tabu oder Normalität?. Eltern mit geistiger Behinderung und ihre Kinder. Heidelberg. 91-126

Internetquellen

Bundesarbeitsgemeinschaft Begleitete Elternschaft (o.J.). Begleitete Elternschaft. Die Gründung.
http://www.begleiteteelternschaft.de/gruendung.html
(07.05.2012; 08:41)

Bundesarbeitsgemeinschaft Begleitete Elternschaft (o.J.). Begleitete Elternschaft. Mitgliederliste.
http://www.begleiteteelternschaft.de/mitgliedschaften.html?file=tl_files/bag/ Mitgliederliste.pdf
(04.04.2012; 10:36)

Bundesarbeitsgemeinschaft Begleitete Elternschaft (o.J.). Begleitete Elternschaft. Unterstützungsangebote.
http://www.begleiteteelternschaft.de/unterstuetzungsangebote.html (04.05.2012; 08:56)

Bundesministerium der Justiz (o.J.). Sozialgesetzbuch Neuntes Buch
http://www.gesetze-im-internet.de/sgb_9/__2.html
(19.03.2012; 12:42)

Bundesverfassungsgericht. Entscheidungen (2010). Zitierung: BVerfG, 1 BvR 420/09 vom 21.7.2010, Absatz-Nr. (1 – 78)
http://www.bundesverfassungsgericht.de/entscheidungen/rs20100721_1bvr04200 9.html
(05.06.2012; 20:31)

Internationale Klassifikation der Funktionsfähigkeit, Behinderung und Gesundheit (Oktober 2005).
http://www.dimdi.de/dynamic/de/klassi/downloadcenter/icf/endfassung/icf_endfassung-2005-10-01.pdf
(02.05.2012; 14:15)

Pixa-Kettner, Ursula (o.J.). Elternschaften von Menschen mit geistiger Behinderung in Deutschland Ergebnisse einer zweiten bundesweiten Fragebogenerhebung.
http://www.beb-ev.de/files/pdf/2008/sonstige/2008-01-11ZGB_407_03_FB3.pdf,
(04.05.2012; 10:09)

Statistisches Bundesamt (2007). Statistik der schwerbehinderten Menschen.
https://www.destatis.de/DE/Publikationen/Thematisch/Gesundheit/BehinderteMenschen/SozialSchwerbehinderteKB2007pdf.pdf?__blob=publicationFile
(06.06.2012; 14:44)

Statisches Bundesamt (2009). Behinderte. Schwerbehinderte Menschen am Jahresende.
https://www.destatis.de/DE/ZahlenFakten/GesellschaftStaat/Gesundheit/Behinderte/Tabellen/GeschlechtBehinderung.html;jsessionid=CD2A7D811AC7C3EDF3BEB9A74AC742A0.cae1?nn=176154.
(24.04.2012; 10:24)

Tabu-Thema: Elternschaft geistig Behinderter. (11.08.2009; 11:06).
http://eltern.t-online.de/elternschaft-geistig-behinderter-ist-tabu-thema/id_19656770/index
(23.05.2012; 14:52)

Thüringer Gesetz zur Ausführung des Schwangerschaftskonfliktgesetzes (Thüringer Schwangerschaftskonfliktgesetz -ThürSchKG-) **(16. Dezember 2005).**
http://www.thueringen.de/imperia/md/content/tmsfg/gesetzte/referat42/th__rschkg.pdf.
(22.05.2012; 11:54)

Thüringer Verordnung über die Anforderungen an Schwangerschaftskonfliktberatungsstellen und deren Anerkennung (Thüringer Schwangerschaftskonfliktberatungsstellenverordnung - ThürSchKBVO-) **(31. Mai 2006)**.
http://www.thueringen.de/imperia/md/content/tmsfg/abteilung4/referat32/th__r._vo___ber_anforderung_von_schwangerschaftskonfliktberatungsstellen_und_deren_f__rderung.pdf.
(22.05.2012; 11:54)

Übereinkommen über die Rechte von Menschen mit Behinderungen (2006).
http://www.institut-fuer-menschenrechte.de/fileadmin/user_upload/PDF-Dateien/Pakte_Konventionen/CRPD_behindertenrechtskonvention/crpd_de.pdf
(31.05.2012; 19:19)

UN-Konvention über die Rechte des Kindes (1990).
http://www.unicef.at/fileadmin/medien/pdf/crcger.pdf.
(26.04.2012; 10:03)

Wagner, Andreas (2001). Empowerment. Möglichkeiten und Grenzen geistig behinderter Menschen zu einem selbstbestimmten Leben zu finden.
http://www.a-wagner-online.de/empowerment/emp4.htm
(24.04.2012; 09:16)

Zinsmeister, Julia (2006). Staatliche Unterstützung behinderter Mütter und Väter bei der Erfüllung ihres Erziehungsauftrages.
http://bidok.uibk.ac.at/library/zinsmeister-rechtsgutachten.html
(22.02.2012; 11:01)

ANHANG

Inhaltsverzeichnis Anhang

		Seite
Anhang 1	Schwerbehinderte Menschen am Jahresende; Zeitreihe von 1993 – 2007..	69
Anhang 2	Acht Grundsätze des Normalisierungsprinzips...............	70
Anhang 3	Artikel 7 der UN- Konvention über die Rechte des Kindes..	71
Anhang 4	Artikel 9 (1), (3) der UN- Konvention über die Rechte des Kindes...	72
Anhang 5	Artikel 23 der UN – Behindertenrechtskonvention „Achtung der Wohnung und der Familie".......................	73
Anhang 6	Das Kindeswohl gefährdende Sachverhalte..................	75
Anhang 7	Fragekatalog der AWO..	76
Anhang 8	Ausgewählte Arbeitsblätter der Bundesvereinigung Lebenshilfe (Hrsg.) zum Thema „Kinderwunsch und Elternschaft, Schwangerschaft und Geburt"...................	77
Anhang 9	Zusammenfassung zum Thema Liebe und Partnerschaft und Kinderwunsch/ Elternschaft in leichter Sprache......	87
Anhang 10	Beispiele für Projekte und Seminarkonzepte.................	93
Anhang 11	„Das Kinderwunschspiel"	97
Anhang 12	„Eltern auf Probe" Zeitungsartikel zum Thema Babysimulatoren..	106

| Anhang 13 | Leitfaden zu Begleitung von Schwangerschaften............ | 107 |
| Anhang 14 | Mitgliederliste der Bundesarbeitsgemeinschaft ‚Begleitete Elternschaft'... | 109 |

Anhang 1 Schwerbehinderte Menschen am Jahresende; Zeitreihe von 1993 - 2007[163]

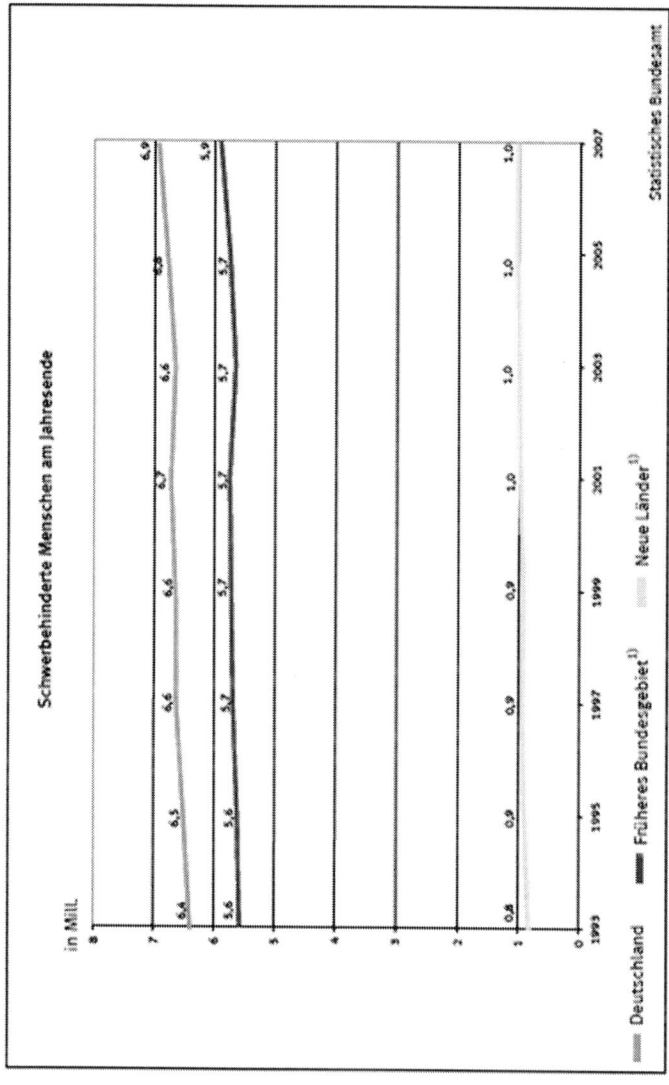

[163] www.destatis.de 2007

Anhang 2: Acht Grundsätze des Normalisierungsprinzips[164]

1. Normaler Tagesrhythmus
   - Schlafen, Aufstehen, Anziehen, Einnahme der Mahlzeiten, Wechsel zwischen Schule bzw. Arbeit und Freizeitbereich etc.
2. Normaler Wochenrhythmus
   - Trennung von Arbeit-Freizeit-Wohnen
   - inklusive Ortwechsel und Wechsel der Kontaktpersonen
3. Normaler Jahresrhythmus
   - im Jahreskreis wiederkehrende Ereignisse, Familienfeiern, Ferien, Ausflüge, Besuche bei Verwandten, das Erleben des Wechsels der Jahreszeiten erfahren dürfen
   - inklusive unterschiedliche Freizeitangebote
4. Normaler Lebenslauf
   - Angebote und Behandlungen auf das Lebensalter abstimmen
5. Respektierung von Bedürfnissen
   - behinderte Menschen bei Bedürfnisermittlung mit einbeziehen
   - Wünsche, Willensäußerungen berücksichtigen, auch bei schwerstbehinderten Menschen
6. Angemessene Kontakte zwischen den Geschlechtern
   - Zugestehen bzw. Erfüllung sexueller Bedürfnisse
7. Normaler wirtschaftlicher Standard
   - Mensch mit Behinderung generell unabhängig machen von fremder Hilfe
   - durch „Nachteilsausgleiche" der Gesetzgebung: Pflegegeld, Steuerermäßigung, Befreiung oder Ermäßigung von Telefon- oder Fernsehgebühren, Wohngeldzuschüsse etc.
8. Standards von Einrichtungen
   - eigener Wohn- und Schlafraum
   - eigene Möbel, Wohnungsschlüssel
   - Standards wie bei nichtbehinderten Menschen

---

[164] Stier 2004, 23ff.

Anhang 3: Artikel 7 der UN- Konvention über die Rechte des Kindes[165]

1. Das Kind ist unverzüglich nach seiner Geburt in ein Register einzutragen und hat das Recht auf einen Namen von Geburt an, das Recht, eine Staatsangehörigkeit zu erwerben und soweit möglich das Recht, seine Eltern zu kennen und von ihnen betreut zu werden.

2. Die Vertragsstaaten stellen die Verwirklichung dieser Rechte im Einklang mit ihrem
innerstaatlichen Recht und mit ihren Verpflichtungen aufgrund der einschlägigen internationalen Übereinkünfte in diesem Bereich sicher, insbesondere für den Fall, daß das Kind sonst staatenlos wäre.

---

[165] www.unicef.at, 26.04.2012, 10:03

Anhang 4: Artikel 9 (1), (3) der UN- Konvention über die Rechte des Kindes[166]

1. Die Vertragsstaaten stellen sicher, daß ein Kind nicht gegen den Willen seiner Eltern von diesen getrennt wird, es sei denn, daß die zuständigen Behörden in einer gerichtlich nachprüfbaren Entscheidung nach den anzuwendenden Rechtsvorschriften und Verfahren bestimmen, daß diese Trennung zum Wohl des Kindes notwendig ist. Eine solche Entscheidung kann im Einzelfall notwendig werden, wie etwa wenn das Kind durch die Eltern mißhandelt oder vernachlässigt wird oder wenn bei getrennt lebenden Eltern eine Entscheidung über den Aufenthaltsort des Kindes zu treffen ist.

3. Die Vertragsstaaten achten das Recht des Kindes, das von einem oder beiden Elternteilen getrennt ist, regelmäßige persönliche Beziehungen und unmittelbare Kontakte zu beiden Elternteilen zu pflegen, soweit dies nicht dem Wohl des Kindes widerspricht.

---

[166] www.unicef.at, 26.04.2012, 10:03

Anhang 5: Artikel 23 der UN – Behindertenrechtskonvention „Achtung der Wohnung und der Familie"[167]

(1) Die Vertragsstaaten treffen wirksame und geeignete Maßnahmen zur Beseitigung der Diskriminierung von Menschen mit Behinderungen auf der Grundlage der Gleichberechtigung mit anderen in allen Fragen, die Ehe, Familie, Elternschaft und Partnerschaften betreffen, um zu gewährleisten, dass

    a) das Recht aller Menschen mit Behinderungen im heiratsfähigen Alter, auf der Grundlage des freien und vollen Einverständnisses der künftigen Ehegatten eine Ehe zu schließen und eine Familie zu gründen, anerkannt wird;

    b) das Recht von Menschen mit Behinderungen auf freie und verantwortungsbewusste Entscheidung über die Anzahl ihrer Kinder und die Geburtenabstände sowie auf Zugang zu altersgemäßer Information sowie Aufklärung über Fortpflanzung und Familienplanung anerkannt wird und ihnen die notwendigen Mittel zur Ausübung dieser Rechte zur Verfügung gestellt werden;

    c) Menschen mit Behinderungen, einschließlich Kindern, gleichberechtigt mit anderen ihre Fruchtbarkeit behalten.

(2) Die Vertragsstaaten gewährleisten die Rechte und Pflichten von Menschen mit Behinderungen in Fragen der Vormundschaft, Pflegschaft1, Personen- und Vermögenssorge, Adoption von Kindern oder ähnlichen Rechtsinstituten, soweit das innerstaatliche Recht solche kennt; in allen Fällen ist das Wohl des Kindes ausschlaggebend. Die Vertragsstaaten unterstützen Menschen mit Behinderungen in angemessener Weise bei der Wahrnehmung ihrer elterlichen Verantwortung.

(3) Die Vertragsstaaten gewährleisten, dass Kinder mit Behinderungen gleiche Rechte in Bezug auf das Familienleben haben. Zur Verwirklichung dieser Rechte und mit dem Ziel, das Verbergen, das Aussetzen, die Vernachlässigung und die Absonderung von Kindern mit Behinderungen zu verhindern, verpflichten sich die Vertragsstaaten, Kindern mit Behinderungen und ihren Familien frühzeitig umfassende Informationen, Dienste und Unterstützung zur Verfügung zu stellen.

---

[167] www.institut-fuer-menschenrechte.de

(4) Die Vertragsstaaten gewährleisten, dass ein Kind nicht gegen den Willen seiner Eltern von diesen getrennt wird, es sei denn, dass die zuständigen Behörden in einer gerichtlich nachprüfbaren Entscheidung nach den anzuwendenden Rechtsvorschriften und Verfahren bestimmen, dass diese Trennung zum Wohl des Kindes notwendig ist. In keinem Fall darf das Kind aufgrund einer Behinderung entweder des Kindes oder eines oder beider Elternteile von den Eltern getrennt werden.

(5) Die Vertragsstaaten verpflichten sich, in Fällen, in denen die nächsten Familienangehörigen nicht in der Lage sind, für ein Kind mit Behinderungen zu sorgen, alle Anstrengungen zu unternehmen, um andere Formen der Betreuung innerhalb der weiteren Familie und, falls dies nicht möglich ist, innerhalb der Gemeinschaft in einem familienähnlichen Umfeld zu gewährleisten.

Anhang 6: Das Kindeswohl gefährdende Sachverhalte[168]

- Sorgerechtsmissbrauch der Eltern (z.B. Misshandlung oder Missbrauch des Kindes)
- Vernachlässigung des Kindes (z.B. Verwahrlosung, mangelnde Ernährung Unterlassen einer ärztlichen Behandlung oder die Weigerung, das Kind in die Schule zu schicken)
- Unverschuldetes Versagen der Eltern (z.B. Kindeswohlgefährdung durch eine psychische Erkrankung oder extrem religiöse Einstellungen der Eltern)
- Das Verhalten eines Dritten (Unfähigkeit, das Kind vor einem Dritten zu schützen, der das Kindeswohl verletzt, z.B. vor dem Lebensgefährten der Mutter)

---

[168] Vlasak o.J. In: Pixa-Kettner (Hg.) 2006, 103

Anhang 7: Fragekatalog der AWO[169]

Beispiel für die Strukturierung eines Beratungsgespräches zum Thema Kinderwunsch

(...)

Mögliche Fragen, die im Rahmen von Beratungsgesprächen besprochen werden können:

- Haben Sie schon anderen von Ihrem Wunsch nach Kindern erzählt? Wie waren die Reaktionen? Wie ging es Ihnen damit?
- Wer sollte darüber informiert werden?
- Was wird Ihre Familie/ Ihr soziales Umfeld dazu sagen?
- Was für Gefühle und Erwartungen verbinden Sie mit der Elternschaft? Warum möchten Sie ein Kind?
- Was bedeutet es für Sie ein Kind zu haben?
- Was ändert sich, wenn Sie ein Kind haben? Bleiben Sie in der jetzigen Wohnung oder ziehen Sie um?
- Möchten Sie arbeiten? Oder möchten Sie viel Zeit für Ihr Kind haben? Ab welchem Alter des Kindes möchten Sie (wieder) arbeiten?
- Was ist mit Ihrem Partner/ Ihrer Partnerin? Lebt er/ sie mit Ihnen zusammen? Möchten Sie zusammen ziehen?
- Haben Sie Kontakt zu Kindern?
- Kennen Sie jemanden mit einem eigenen Kind?
- Gibt es noch andere Wünsche, die Sie verwirklichen wollen?

---

[169] AWO 2006, 191f. aus: Lenz u.a. 2010, 169

Anhang 8:

Ausgewählte Arbeitsblätter
der
BUNDESVEREINIGUNG LEBENSHILFE (HRSG.)
zum Thema
„Kinderwunsch und Elternschaft,
Schwangerschaft und Geburt"[170]

---

[170] Bundesvereinigung Lebenshilfe (Hrsg.) 2009, 100ff.

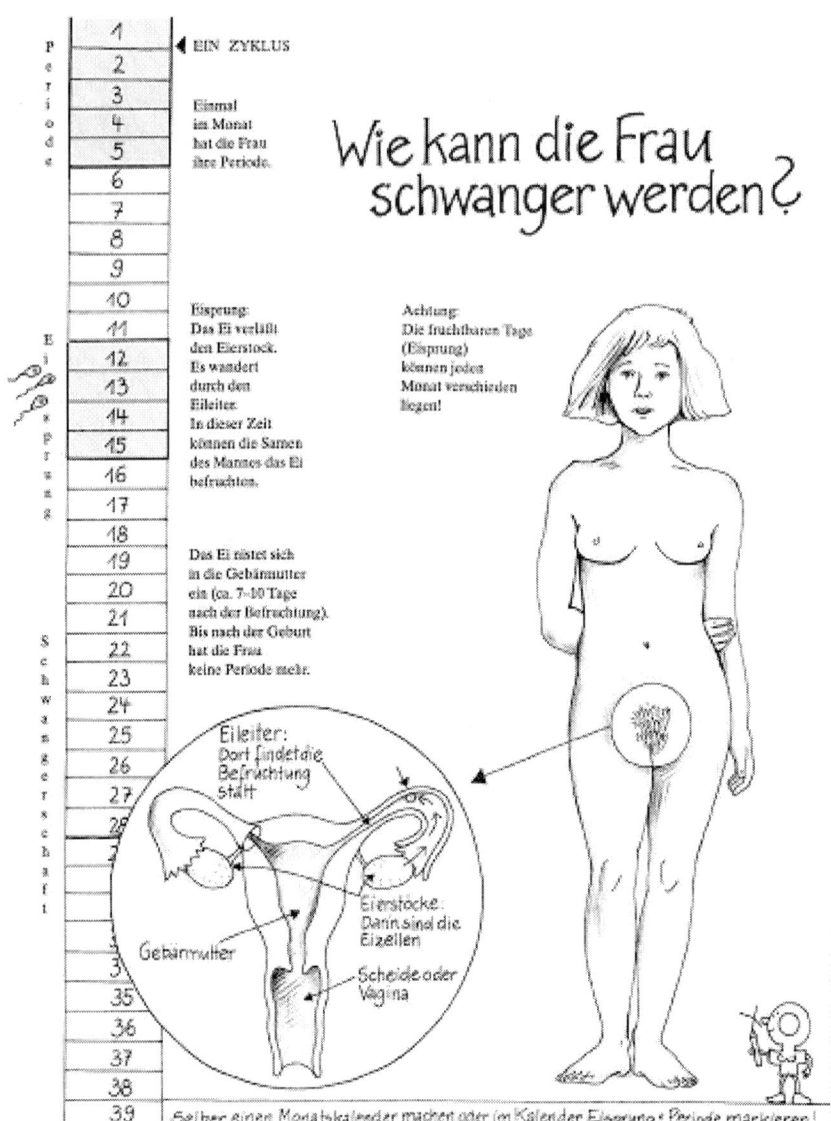

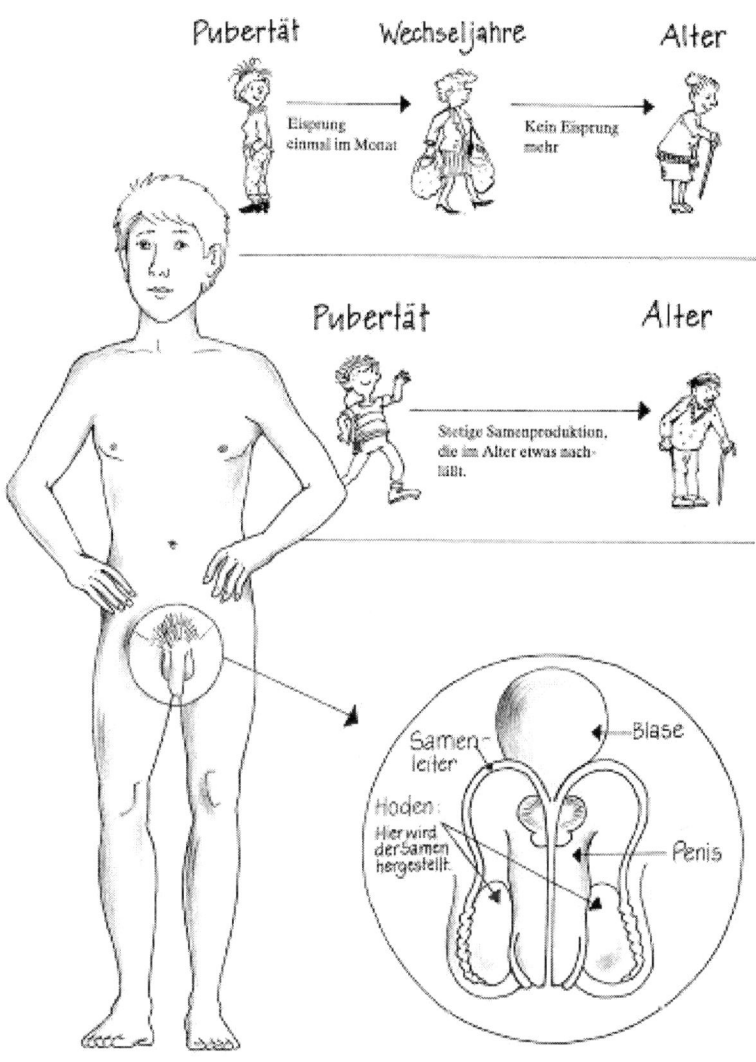

Frau und Mann

Der Mann und die Frau haben sich lieb.
Der Mann schiebt seinen Penis in die Scheide der Frau.

Im schönsten Moment (Orgasmus) fließt sein Samen in die Frau hinein.

Sein Samen schwimmt zu dem Ei der Frau.

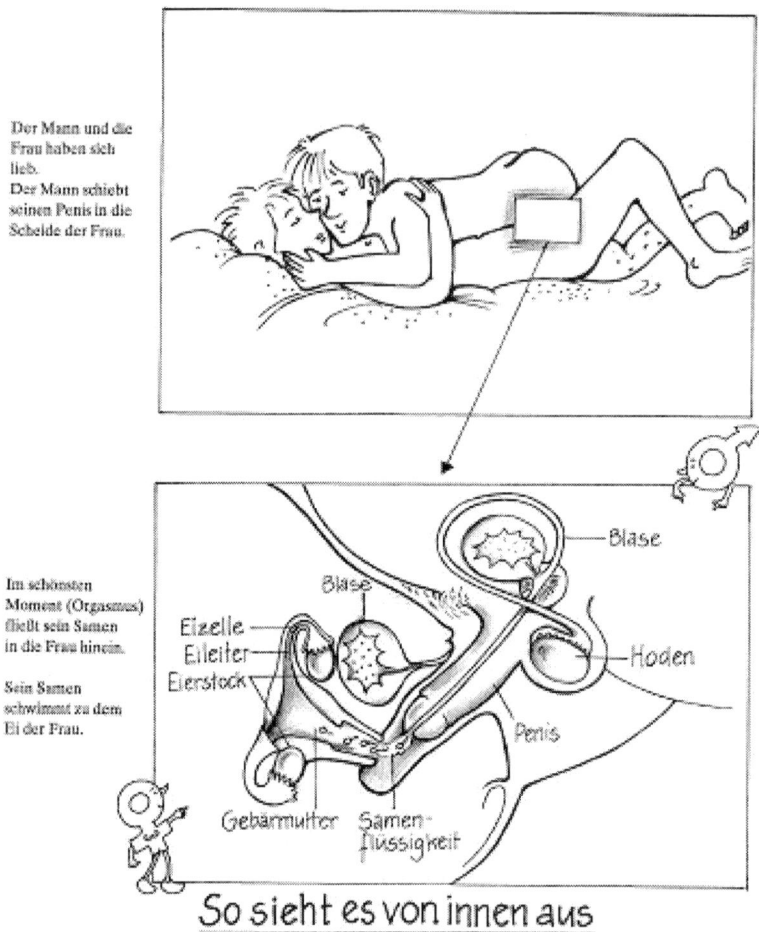

So sieht es von innen aus

Eine Samenzelle schafft es,
zur Eizelle durchzukommen.
Sie verschmelzen miteinander
und das nennt man
BEFRUCHTUNG.
Jetzt ist eine neue Zelle
entstanden, die sich ganz oft
teilt, bis sie eine Zellkugel
geworden ist.

Die Zellkugel, das winzig
kleine Baby, wandert
vom Eileiter in die
Gebärmutter.
Dort nistet sie sich ein
und wächst und wächst.
Nach 9 Monaten kommt ein
Baby auf die Welt.

▼

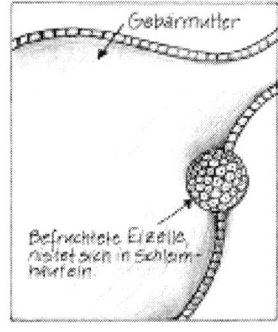

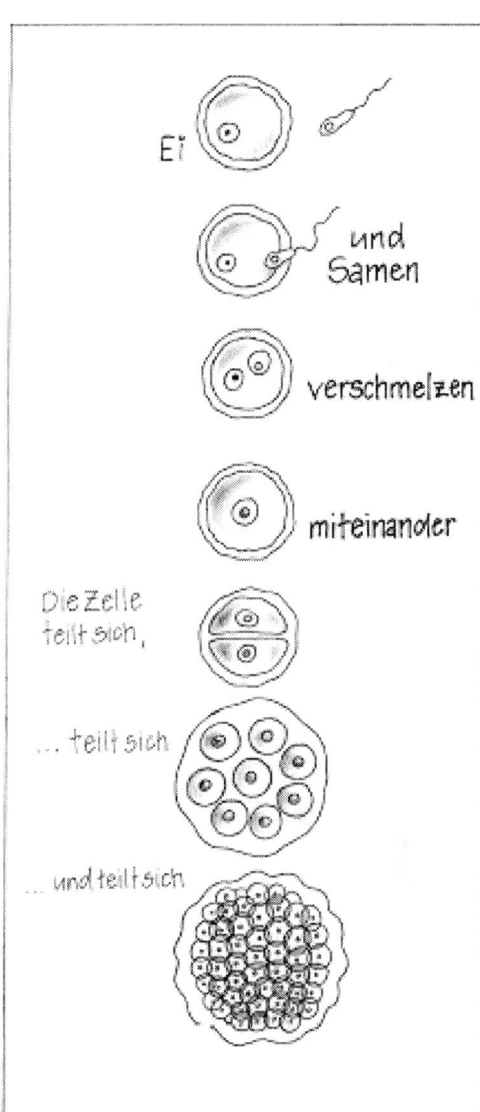

SCHWANGERSCHAFT: DAS BABY

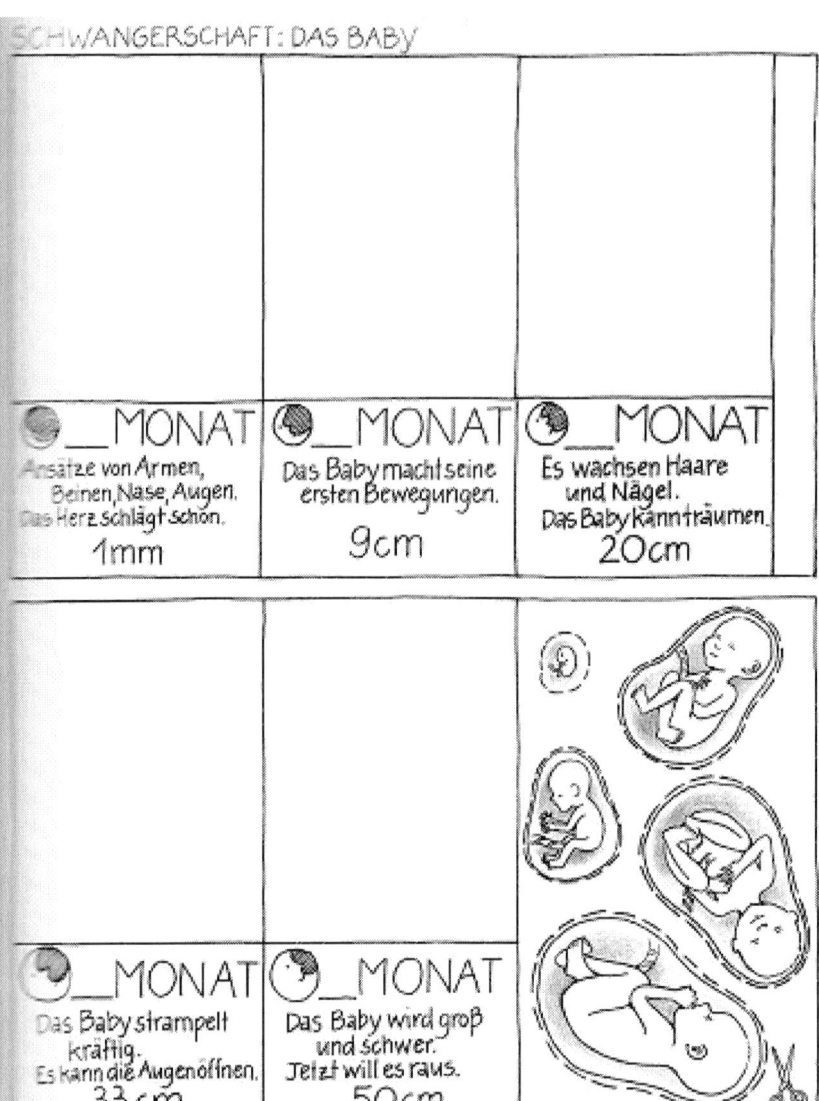

◯__ MONAT
Ansätze von Armen,
Beinen, Nase, Augen.
Das Herz schlägt schon.
1mm

◯__ MONAT
Das Baby macht seine
ersten Bewegungen.
9cm

◯__ MONAT
Es wachsen Haare
und Nägel.
Das Baby kann träumen.
20cm

◯__ MONAT
Das Baby strampelt
kräftig.
Es kann die Augen öffnen.
33cm

◯__ MONAT
Das Baby wird groß
und schwer.
Jetzt will es raus.
50cm

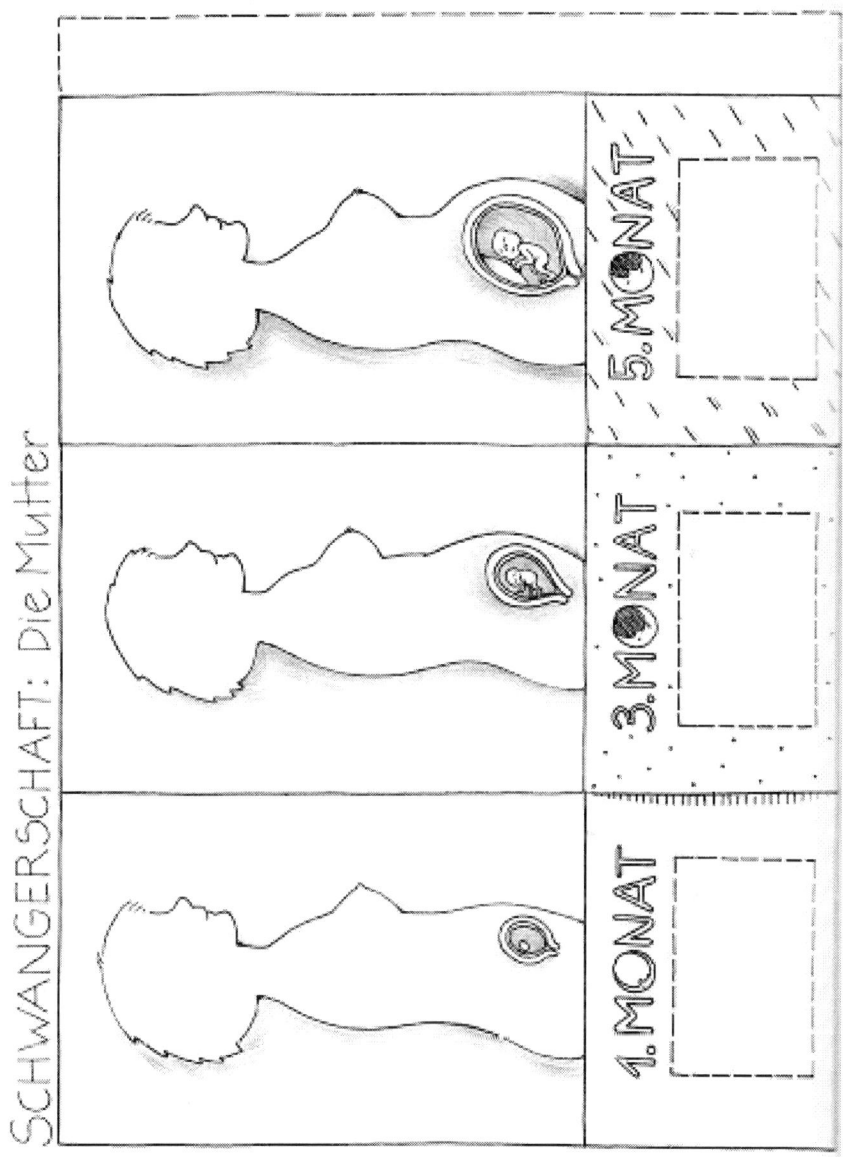

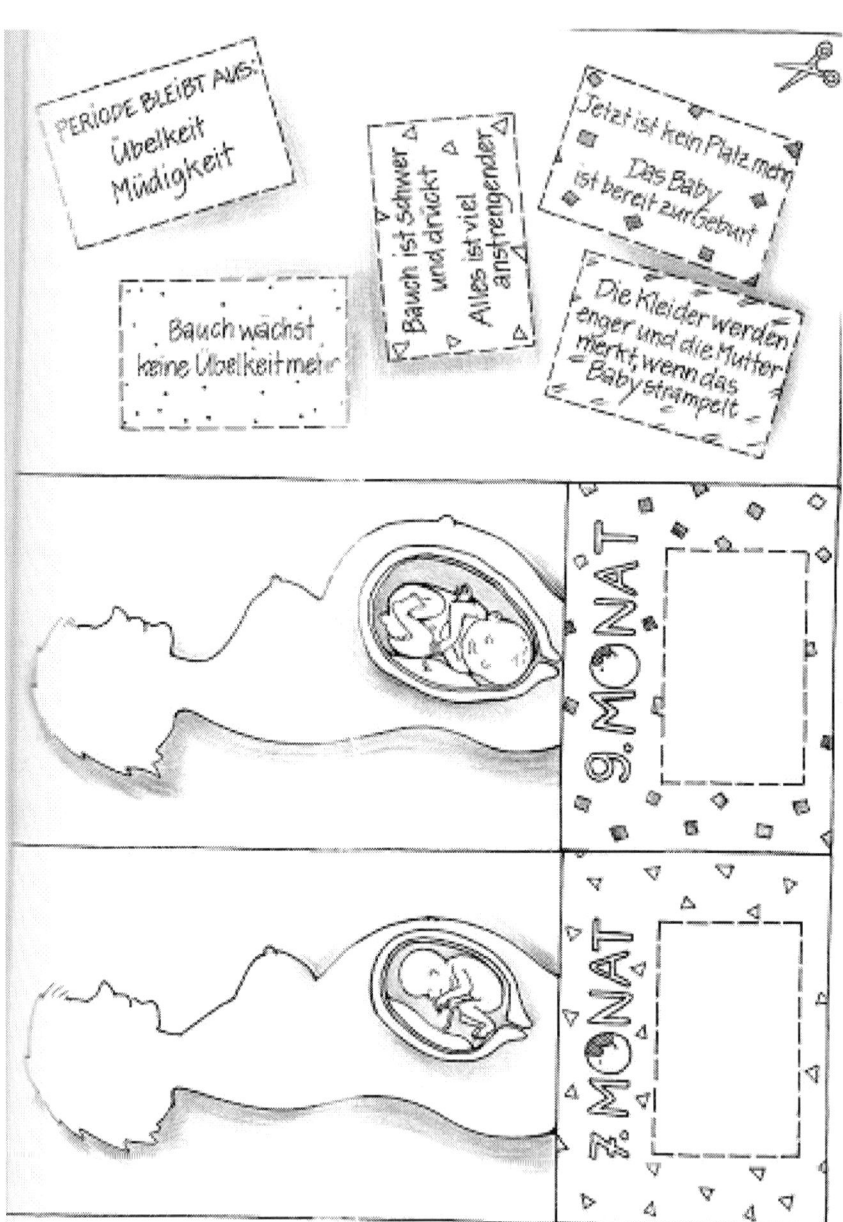

Ein Tagesablauf mit BABY

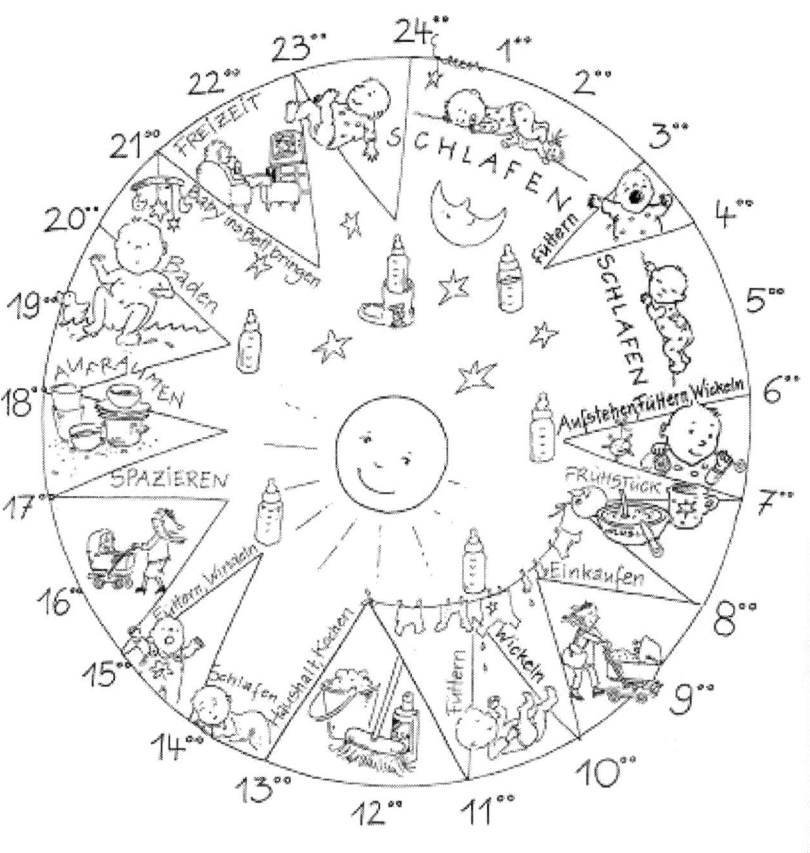

Anhang 9:

Zusammenfassung
zum Thema
Liebe und Partnerschaft und Kinder-
wunsch/ Elternschaft
in leichter Sprache[171]

---

[171] AWO (Hrsg.) 2006, 96ff.

IV.3.5 Zusammenfassung in leichter Sprache

Susanne Göbel, Petra Groß, Anita Kühnel

„Ich darf auch Kinder haben!"

Jeder Mann und jede Frau hat das Recht, Kinder zu haben.

Manchen Männer und manche Frauen wollen Kinder haben. Andere Männer und Frauen wollen keine Kinder haben. Jeder Mensch hat das Recht das selbst zu entscheiden.

Aber es ist nicht einfach sich zu entscheiden. Will man ein Kind? Will man kein Kind? Oder: Wann will man ein Kind?

Menschen mit Behinderungen habe es oft viel schwerer Eltern zu sein. Viele Menschen denken noch immer, dass behinderte Frauen und Männer keine guten Eltern sind.

Viele Menschen mit Behinderungen werden also erst gar nicht gefragt, ob sie Kinder wollen. Das ist nicht richtig. Behinderte Menschen haben auch das Recht, Kinder zu haben. Manchmal brauchen sie dabei aber Unterstützung. Und sie müssen etwas über Kinder wissen.

Das sollte man zum Beispiel wissen:

- Wie ist es, ein Kind zu haben?
- Was braucht man als Unterstützung?
- Was wird anders, wenn man ein Kind hat?
- Wie kann man ein Kind erziehen?

Eltern und Unterstützungspersonen dürfen behinderten Menschen nicht verbieten, Kinder zu bekommen. Oft sagen sie „Nein – keine Kinder" weil sie Angst haben oder zu wenig darüber wissen.

Deshalb ist es sehr wichtig, dass man miteinander spricht. Dann können alle vielleicht besser verstehen was die andere Person meint.

„Ich habe ein Baby – helft ihr mir?"

Es ist schön ein Kind zu haben. Aber es ist nicht immer einfach ein Kind zu haben.

Deshalb gibt es verschiedene Hilfen. Manche Hilfen sind für alle Eltern. Manche Hilfen sind nur für behinderte Eltern. Leider gibt es erst in wenigen Städten gute Unterstützung für behinderte Eltern.

Diese Hilfe gibt es aber zum Beispiel schon:

Beratungsstellen: Dort bekommen Frauen ganz am Anfang einer Schwangerschaft Hilfe. Eine schwangere Frau weiß vielleicht noch nicht, ob sie das Kind bekommen will.

Unterstützung bevor das Baby geboren wird: Die schwangere Frau lernt mehr über Schwangerschaft und Babys. Oder die Frau und der Vater machen einen Kurs über die Geburt.

Jugendämter: Dort kann man Geld für das Baby bekommen.

Unterstützung nachdem das Baby geboren wurde: Die Mutter, das Baby und manchmal der Vater bekommen Hilfe. Sie lernen wie man mit Kindern umgeht. Oder sie lernen wie man Kinder gut versorgt.

„Und wo soll ich mit meinem Kind wohnen?"

Wenn eine behinderte Frau ein Baby bekommt, muss sie oft umziehen. Vielleicht möchte sie ja mit dem Vater zusammen wohnen. Oder sie braucht mehr Unterstützung als vorher.

Es gibt verschiedene Ideen, wie behinderte Frauen mit ihren Kindern wohnen können:

Sie können in der eigenen Familie wohnen. Das machen viele behinderte Mütter mit ihren Kindern. Oft haben sie keine andere Wahl. Sie werden dann von der eigenen Familie unterstützt.

Sie können in einer eigenen Wohnung wohnen. Das wollen immer mehr behinderte Mütter. Sie wünschen sich eine eigene Wohnung. Dort werden sie dann zum Beispiel durch Betreutes Wohnen unterstützt. Aber es ist nicht immer einfach, alle wichtige Unterstützung auch zu bekommen.

Sie können mit anderen behinderten Menschen zusammen wohnen. Oft ist das in einer Wohneinrichtung für behinderte Mütter und ihre Kinder. Dort werden die Mütter und Kinder unterstützt. Es gibt aber in Deutschland noch sehr wenige solche Wohneinrichtungen. Dafür müssen die Mütter mit ihren Kindern oft weit von zuhause wegziehen.

„Mein Kind braucht auch Hilfe!"

Es ist schön, ein Kind zu haben. Und man muss sich um Kinder kümmern.

Zum Beispiel:

- Man gibt ihnen Liebe.
- Sie lernen von einem.
- Man gibt ihnen Essen und Kleider.
- Man hilft ihnen bei Schulaufgaben.

Das ist nicht immer leicht. Eltern brauchen dafür manchmal Hilfe. Manchmal brauchen Eltern mehr Hilfe. Manchmal brauchen Eltern weniger Hilfe.

Es ist wichtig, dass sich Eltern Hilfe holen. Eltern müssen nicht alles alleine können. Sie dürfen sich Unterstützung holen. Das hilft dem Kind. Dann kann es ihm gut gehen.

„Mein Kind ist nicht bei mir!"

Es ist wichtig, dass es Kindern gut geht. Manchmal können Eltern aber nicht so gut für ihre Kinder sorgen. Die Eltern bekommen vielleicht keine Hilfe. Oder sie wollen keine Hilfe. Oder es ist für sie vielleicht zu schwer, für ein Kind zu sorgen.

Manchmal muss ein Kind von den eigenen Eltern weg. Das ist für das Kind traurig und schwer. Das ist für die Eltern auch traurig und schwer. Aber für das Kind und die Eltern ist es vielleicht erst einmal das Beste.

Aber die Eltern und ihr Kind sollen nicht einfach getrennt werden. Es ist wichtig, dass sie dabei Hilfe bekommen.

Das sollte man zum Beispiel überlegen:

- Wie kann man die Trennung leichter machen?
- Wo kommt das Kind hin?
- Können sich die Eltern und das Kind immer wieder sehen?
- Wie können die Mütter und Väter gut unterstützt werden?

Anhang 10:

Beispiele
für Projekte und Seminarkonzepte[172]

---

[172] AWO (Hrsg.) 2006, 135ff.

Forumtheater

Inhalt/Thema: Eine Konfliktsituation wird von den Teilnehmenden spielerisch nachgespielt.

Zeitbedarf: 20–45 min

Material: evtl. Kamera, TV

Durchführung: Den Teilnehmenden wird eine Situation geschildert: z. B. Auf dem integrativen Tanztreff siehst du eine Person, die dir gut gefällt. Gerne würdest du sie ansprechen, weißt aber nicht wie. Deine Blicke werden manchmal erwidert. In einer halben Stunde musst du los, würdest die Person aber gerne noch vorher ansprechen. Die Situation soll durch ein „Forumtheater" bearbeitet werden. Dazu beginnen einige Teilnehmenden die Szene spielerisch nachzustellen und ein mögliches Ende zu improvisieren. Anstatt das Ergebnis zu besprechen werden die Teilnehmenden aufgefordert, ihre Ideen ins Spiel einzubauen. Dazu wird die Szene nochmals gespielt und eine Person mit einem alternativen Lösungsvorschlag übernimmt eine Rolle. Auch andere Zuschauende können so nacheinander die Szene gestalten. Das Forumtheater ist zu Ende, wenn keine neuen Impulse mehr kommen. Abschließend können alle Beteiligten ihre Gedanken, Gefühle und Erfahrungen mitteilen, und die verschiedenen Lösungen können diskutiert werden.

Hinweise und Erfahrungen: Teilnehmende sind erfahrungsgemäß unterschiedlich motiviert zum Rollenspiel. Als Anstoß kann das Leitungsteam mit dem Rollenspiel zu beginnen. Die Darstellungen können mit einer Kamera aufgezeichnet werden. Das bietet zudem den Vorteil sich die einzelnen Sequenzen in der Gruppe anzuschauen und so unterschiedliche Aspekte zu besprechen.

Variante für UnterstützerInnen: Auf die gleiche Art können auch Situationen aus dem beruflichen Kontext bearbeitet werden.

Knetmodell

Inhalt/Thema: Sexualaufklärung, Wissensvermittlung, Erfahrungsaustausch

Zeitbedarf: 30–60 min

Material: Knetmasse, Körperumriss, Stifte

Durchführung: Es werden geschlechtshomogene Gruppen gebildet. Die Leitungsperson knetet mit oder ohne Einbindung der Teilnehmenden die primären und sekundären Geschlechtteile und erläutert durch das Auflegen auf einen Körperumriss anschaulich den Aufbau und die Funktion der Geschlechtsorgane und der Körper- und Fortpflanzungsvorgänge. Wichtige Themen können dabei u. a. sein:
- Funktion der Organe, Vorgänge und Abläufe bei sexueller Stimulierung
- Weiblicher Zyklus, Menstruation, Pollution
- Befruchtung, Schwangerschaft und Geburt

- Gefühle, Lust und Onanie
- Das erste Mal
- Wer A sagt muss nicht auch B tun (sexueller Leistungsdruck durch eigene Erwartungen)
- Verhütungsmethoden
- Fehlentwicklungen und Krankheiten (Phimose, Geschlechtskrankheiten, AIDS)
- Intimhygiene

Es ist unabhängig von der sexuellen Orientierung wichtig, etwas über das andere Geschlecht zu erfahren. Deshalb wird im Anschluss an das Knetmodell des eigenen Geschlechtes auch ein Knetmodell des anderen Geschlechts erarbeitet.

Variante für UnterstützerInnen/Hinweis zur Weiterarbeit: Die Teilnehmenden bekommen die Aufgabe in Kleingruppen eines der oben benannten Themen (etwa Umgang mit Kondomen, Zyklus) so aufzubereiten, wie sie es den Menschen, mit denen sie arbeiten, erläutern würden. Das wird anschließend im Plenum vorgestellt. Als Material bekommen die Kleingruppen neben Knete auch Informations- und Bildmaterial.

Standpunktsuche

Inhalt/Thema: Diskussion und Bewertung provokativer Thesen zum Themenbereich

Zeitbedarf: 30–60 min

Material: Folien bzw. Papierbögen mit Aussagen

Durchführung: Im Seminarraum werden zwei gegenüberliegende Punkte gekennzeichnet, wobei der eine den höchsten Grad an Zustimmung, der gegenüberliegende Punkt den höchsten Grad an Ablehnung einer Aussage darstellen sollen. Die Aussagen werden vorgetragen. Es bietet sich an, die Aussagen auf Papierbögen oder mittels Folien für alle sichtbar zu machen. Die Teilnehmenden sollen sich je nach Grad ihrer Zustimmung oder Ablehnung auf einer imaginären Linie zwischen den Polen aufstellen. Der Standpunkt kann zusätzlich durch einen kommentierenden Satz verdeutlicht werden. Vorschlag für Aussagen:

- Die sexuellen Bedürfnisse nehmen mit der Schwere der Behinderung ab.
- Menschen mit einer Behinderung können keine Eigenverantwortung für die Empfängnisverhütung übernehmen.
- In den letzten zehn Jahren hat sich in den Einrichtungen Entscheidendes für die sexuelle Selbstbestimmung von Menschen mit einer geistigen Behinderung getan.
- Menschen mit einer Behinderung sind keine Zielgruppe für sexualisierte Gewalttaten.
- Eine Sensibilität für Grenzen ist bei Menschen mit einer Behinderung im Verhältnis zu Menschen ohne Behinderung weniger ausgeprägt.
- Ein Kinderwunsch kommt bei Menschen mit geistiger Behinderung häufig unbedacht und ist in der Regel vorrangig ein egoistischer Wunsch nach Normalität.
- Bevor Menschen mit einer Behinderung Eltern werden, sollten sie ihre Eignung dafür beweisen, etwa durch einen Elternführerschein.

Um die Weiterarbeit zu erleichtern, können die Standpunkte der Teilnehmenden festgehalten werden, z. B. durch Polaroidfotos oder Einzeichnen der Standpunkte auf einem Papier. Nach der Standpunktsuche werden folgende Fragen im Plenum besprochen:
- Wozu möchte ich noch etwas sagen?
- Zu welchen Aussagen besteht noch Redebedarf?
- Welche Aussagen wurden auffallend kontrovers beurteilt?
- Bei welchen Aussagen wurde nicht deutlich Stellung bezogen?
- Was bedeutet das Besprochene für die pädagogische Arbeit?

Varianten:
1. Die Teilnehmenden besprechen in Kleingruppen nacheinander 3–5 Thesen im Hinblick auf den Grad der individuellen Zustimmung bzw. Ablehnung (je These ca. 3–5 min). Im Plenum werden die Thesen vorgestellt, die Ergebnisse der Kleingruppendiskussionen abgefragt und durch Impulse der Leitung ergänzt.
2. Die Teilnehmenden erhalten jeweils eine grüne (Zustimmung), eine gelbe (unentschieden) und eine rote (Ablehnung) Karte und bewerten die Aussagen durch Aufzeigen der jeweiligen Farbkarte.
3. Die Teilnehmenden bekommen die Thesen als Arbeitsbogen und sollen auf einer Skala den Grad an Zustimmung oder Ablehnung eintragen.
4. Die Thesen werden auf Zettel geschrieben und im Raum verteilt (eventuell in zwei Arbeitsschritten). Die Teilnehmenden ordnen sich nach Interesse den Thesen zu und diskutieren die These innerhalb der Teilgruppen. Nach kurzer Zeit erfolgt eine neue Zuordnung.

Anhang 11:

„Das Kinderwunschspiel" [173]

---

[173] AWO (Hrsg.) 2006, 191ff.

> **Spielregeln**
> **Kinderwunsch-Spiel**

Für das Fachpersonal ist für einen erfolgreichen Einsatz des Spiels unserer Meinung nach zunächst eine Auseinandersetzung mit der eigenen Wertorientierung sowie Offenheit und Toleranz erforderlich. Erst dann ist es möglich, eine Atmosphäre zu schaffen, in der offen über das Thema gesprochen wird.

Als Hilfe zum Gesprächsbeginn und zur Erleichterung der Kommunikation untereinander haben wir ein Verfahren entwickelt, das wir als Arbeitstitel „Kinderwunschspiel" genannt haben. Sein Ziel ist es, einen möglichst offenen Austausch über die eigenen Wünsche und Phantasien im Zusammenhang mit einem eigenen Kind anzuregen, aber auch realistische Abwägungen über Anforderungen und Belastungen durch das Elternsein zu ermöglichen. Dafür haben wir eine Sammlung von möglichst kurzen, einfach formulierten Aussagen zusammengestellt, die sich auf Vorstellungen über den Elternstatus beziehen und folgende Anforderungen erfüllen:

- Es sollten sowohl **positive** (+) als auch **negative** (-), als auch **neutrale** (?) Aussagen über das Leben mit einem Kind enthalten sein, um eine einseitige Beeinflussung zu vermeiden.

Beispiele:
„Wenn ich ein Kind habe, fühle ich mich nie mehr einsam." (+)

„Wenn ich ein Kind habe, kann ich abends nicht ausgehen." (-)

„Wenn ich ein Kind habe, bin ich für einen anderen Menschen verantwortlich." (?)

- Es sollten sowohl Aussagen enthalten sein, die für Einzelpersonen gelten als auch Aussagen, die auf Paare zutreffen.

Beispiele:
„Erst wenn ich ein Kind habe, bin ich richtig erwachsen."

„Wenn man ein Kind hat, streitet man sich mehr."

- Schließlich bemühten wir uns darum, das Spektrum der in Kapitel 1 dargestellten gängigen Kinderwunschmotive zu repräsentieren, wobei die besondere Lebenssituation und Lebenserfahrung von Menschen mit geistiger Behinderung berücksichtigt werden sollte.

Beispiele:

„Wenn ich ein Kind habe, bekomme ich mehr Aufmerksamkeit von anderen." (Wunsch nach Zuwendung)

„Wenn ich ein Kind habe, bin ich weniger behindert." (Ausdruck von Konformität/ Normalität)

„Kinder können ihren Eltern bei vielen Sachen helfen." (Wunsch nach Lebensbereicherung)

„Erst wenn wir ein Kind haben, sind wir eine richtige Familie." (Wunsch nach vollständiger Familie)

„Wenn ich ein Kind habe, werde ich gebraucht." (Gebraucht werden)

„Erst wenn ich ein Kind habe, bin ich eine richtige Frau oder ein richtiger Mann." (geschlechtliche Potenz beweisen)

„Erst wenn ich ein Kind habe, bin ich richtig erwachsen." (Emanzipation von den Eltern)

„Wenn man ein Kind hat, braucht man nicht mehr zur Arbeit gehen." (Flucht)

Wichtig wäre noch zu erwähnen, dass die überwiegende Mehrzahl der Aussagen keine klare Richtig-Falsch-Beantwortung zulässt, sondern Raum für subjektive Bewertungen lässt. In der Endfassung sind 36 Items enthalten. Diese wurden auf Karten in DIN A6-Format gedruckt und jeweils mit einer Illustration versehen.

„Spielregeln"

1. Reihum nimmt jeder/jede eine Karte, liest, oder, wer es nicht selber kann, lässt vorlesen und entscheidet dann, ob er/sie **dieser Aussage zustimmt („Ja"), nicht zustimmt („Nein") oder „Vielleicht" („?")** sagt.
2. Je nachdem legt er oder sie diese Karte auf eine entsprechend vorbereitete Unterlage.
3. Sind alle Karten vergeben und vorgelesen worden, bietet das nochmalige Durchgehen der drei Kartenstapel Diskussions- und Reflexionsmöglichkeiten für alle Beteiligten.

Wenn ich ein Kind habe,
bin ich für einen
anderen Menschen verantwortlich.

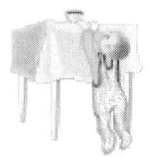

Erst wenn wir ein Kind haben,
sind wir eine richtige Familie.

Erst wenn wir ein Kind haben,
sind wir richtig
Mann und Frau.

Wenn wir ein Kind haben,
haben wir eine
gemeinsame Aufgabe.

Wenn ich ein Kind habe,
bekomme ich mehr
Aufmerksamkeit von anderen.

Wenn wir ein Kind haben,
kümmert sich der andere
mehr um das Kind als um mich.

Ein Kind kann ich nur haben, wenn ich richtig Geld verdiene.

Ich will ein Kind, weil es normal ist, Kinder zu haben.

Erst wenn ich ein Kind habe, bin ich eine richtige Frau oder ein richtiger Mann.

Ich will ein Kind, weil ich Schwangerschaft und Geburt erleben will.

Wenn ich ein Kind habe, werde ich gebraucht.

Kinder machen viel Arbeit.

Wenn ich ein Kind habe,
muss ich ernst genommen werden.

Wenn ich ein Kind habe,
sagen mir viele Leute, was ich tun und lassen soll.

Erst wenn ich ein Kind habe,
bin ich richtig erwachsen.

Wenn ich ein Kind habe,
bin ich weniger behindert.

Wenn ich ein Kind habe,
muss ich lesen können.

Wenn ich ein Kind habe,
brauche ich Hilfe.

Kinder können ihren Eltern bei vielen Sachen helfen.

Mit Kindern hat man viel Spaß.

Wenn man ein Kind hat, streitet man sich mehr.

Wenn man ein Kind hat, braucht man nicht mehr zur Arbeit gehen.

Wenn man ein Kind hat, bekommt man eine eigene Wohnung.

Wenn ich ein Kind habe, bleiben wir für immer zusammen.

Wenn ich ein Kind habe,
darf ich nicht rauchen.

Wenn ich ein Kind habe,
habe ich keine Zeit mehr
für etwas anderes.

Eine Mutter ist immer geduldig.

Kinder machen immer Unordnung.

Kinder kosten viel Geld.

Kinder sind sehr anstrengend.

Wenn ich ein Kind habe,
habe ich immer
jemanden zum Schmusen.

Wenn ich ein Kind habe,
bin ich etwas Besonderes.

Wenn ich ein Kind habe,
fühle ich mich nie mehr einsam.

Wenn ich ein Kind habe,
ist mir nie langweilig.

Wenn ich ein Kind habe,
kann ich abends nicht ausgehen.

Wenn ich ein Kind habe,
kann ich mir selber
nichts mehr leisten.

Anhang 12: „Eltern auf Probe" Zeitungsartikel zum Thema Babysimulatoren[174]

Eltern auf Probe

Birgit Schröter vermittelt mit zwei Babysimulatoren, welche große Verantwortung die Betreuung eines Babys mit sich bringt

von Stefanie Rodiger

EICHSFELD. Es weint, es schreit, es muss gewickelt oder gefüttert werden. Sogenannte Babysimulatoren machen all das, was auch normale Säuglinge tun – mit dem Unterschied, dass sie vorher programmiert wurden und das die Daten im Anschluss ausgelesen werden können.

Seit Anfang des Jahres betreut Birgit Schröter aus Dingelstadt das Projekt „Elternpraktikum" des Sozialdienstes katholischer Frauen in Eichsfeld. Zwei Babysimulatoren stehen ihr dazu zur Verfügung und können bei Bedarf auch über Nacht oder übers Wochenende genutzt werden. Besonders Schulen ab der achten Klasse sind eingeladen, dieses Projekt in ihrem Haus durchzuführen. „Ich habe bereits Kontakt zu allen Regelschulen im Landkreis aufgenommen und das Projekt vorgestellt", erklärt Birgit Schröter. Positive Resonanz erhielt sie aus Küllstedt, wo sie bereits zusammen mit einer sechsten Klasse eine Unterrichtsstunde mit den Babysimulatoren durchgeführt hat. „Die Kinder waren so bei der Sache, auch die Jungen, es war toll", freut sich die Pädagogin. Ebenfalls Interesse hat unter anderem eine Schule aus Worbis angemeldet, berichtet sie und hofft auf weitere Anfragen. Auch ein junges Pärchen der Lebenshilfe hat sie schon betreut und die beiden ein Wochenende lang mit den Babys begleitet.

„Ich komme zu Projekttagen oder auch in die Biostunde und übernehme die gesamte Organisation", betont die ehemalige Lehrerin, die im vergangenen Jahr von Berlin ins Eichsfeld zog. Als sie nicht mehr berufstätig war Beschäftigung suchte, wurde sie auf das Projekt des Sozialdienstes aufmerksam. Nach einigen Recherchen und der Erarbeitung eines eigenen Konzeptes startete Birgit Schröter mit den Anfragen in den Schulen.

Ziel des Projektes ist es, den Kindern und Jugendlichen zu vermitteln, welche große Verantwortung die Betreuung eines Kindes mit sich bringt. „Es ist nicht nur süß, es muss rund um die Uhr versorgt werden und das können wir mit den Babypuppen gut simulieren", erklärt Birgit Schröter.

> „Ein Baby ist nicht nur süß, es muss rund um die Uhr versorgt werden."
> Birgit Schröter

In Küllstedt erproben sich Schüler einer sechsten Klasse im Umgang mit dem Babysimulator. Foto: Rodiger

Dabei seien auch verschiedene Schwierigkeitsstufen möglich.

Wer sich nun auch für das Projekt „Elternpraktikum" interessiert, der kann sich direkt an Birgit Schröter wenden oder über den Sozialdienst Kontakt aufnehmen.

KONTAKT
Sozialdienst katholischer Frauen, Worbis
☎ 03 60 74 / 3 11 75

[174] Allgemeiner Anzeiger Eichsfeld, 18. April 2012, 1

Anhang 13: Leitfaden zu Begleitung von Schwangerschaften[175]

Entkräften von Vorbehalten gegenüber dem Hilfesystem Jugendamt
Unterstützungsmaßnahmen:
- Ergebnisoffene Beratung seitens des Jugendamtes
- Vermittlung/ Begleitung zur Schwangerschafts(konflikt-)beratung
- Vermittlung/ Begleitung zu Vorsorgeuntersuchungen
- Vermittlung/ Begleitung zu Geburtsvorbereitungskursen/ Säuglingspflege etc.
- ggf. Vermittlung/ Begleitung zu einer Hebamme
- Auseinandersetzung mit Geburt und Elternrolle
- Anschaffungen/ Erstausstattung
- Evtl. Wohnungswechsel

Wer könnte unterstützen?
- Begleitete Elternschaft/ Ambulant Betreutes Wohnen (ABW)
- Gesetzliche Betreuung (eingeschränkt, z.B. im Bereich der Gesundheitsfürsorge oder Ämter mit Behörden)
- Werkstätten für Menschen mit Behinderung
- Wohnheime
- Beratungsstellen

Finanzierung von Unterstützung/ Begleitung während der Schwangerschaftswochen:
- bezogen auf das ABW ist eine Einzelfallregelung mit dem zuständigen Kostenträger zu treffen
- ab wann Unterstützung durch die Jugendhilfe möglich ist, ist mit dem jeweiligen Jugendhilfeträger zu klären
- die Ressourcen der anderen potenziellen Unterstützerinnen müssen eruiert werden

Zusammenarbeit mit dem zuständigen Jugendamt
- Wer informiert das Jugendamt?
- Die Träger der Behindertenhilfe (ABW, Wohnheim, Werkstätten für behinderte Menschen etc.) oder gesetzliche Betreuerinnen informieren in Abspra-

---

[175] MOBILE et al. 2007 In: Lenz u.a. 2010, 175

che mit den Eltern die zuständige Mitarbeiterin im Jugendamt mit dem Ziel, möglichst frühzeitig Hilfebedarf zu klären.
- Wann wird das Jugendamt informiert?
- Die Information an das Jugendamt sollte so früh wie möglich erfolgen.
- Planung der Unterstützung
- Zu Abklärung wichtiger Informationen für die Unterstützungsplanung sollte eine Helferkonferenz der beteiligten Institutionen bzw. Unterstützungspersonen erfolgen. Fragestellungen sind hier:
- Gesundheitszustand und Beeinträchtigungsbild der werdenden Mutter/ Eltern
- Alltagskompetenzen u.a. Lesen, Schreiben, Aufmerksamkeitsspanne
- eigene Familiengeschichte insbesondere in Hinblick auf Fremdunterbringungen, eigene Heimerfahrungen, Tod eines Kindes
- Risiken: z.B. Alkoholproblematik, Gewaltbereitschaft
- Ressourcen: z.B. positive Unterstützerinnen im sozialen Netzwerk
- Erst nach der Helferkonferenz sollte ein ausführliches Gespräch im Jugendamt mit den werdenden Eltern mit Begleitung durch vertraute Unterstützungspersonen stattfinden.

Möglichkeiten der Unterstützung während der Schwangerschaft
- Für die konkrete Unterstützungsarbeit während der Schwangerschaft bestehen folgende Möglichkeiten:
- Da davon auszugehen ist, dass durch die Schwangerschaft der Bedarf an Unterstützung durch das ABW steigt, ist eine Aufstockung der Unterstützungsleistungen erforderlich
- Der Einsatz einer Familienpädagogin während der Schwangerschaft ist mit dem Jugendamt zu verhandeln

Entscheidung über die Unterstützung nach der Geburt
- Ambulante Unterstützung für Eltern(-teil) und Kind
- Stationäre Wohnform für Eltern(-teil) und Kind
- Fremdunterbringung des Kindes"

Anhang 14:

Mitgliederliste
der Bundesarbeitsgemeinschaft
‚Begleitete Elternschaft'[176]

---

[176] http://www.begleiteteelternschaft.de/mitgliedschaften.html?file=tl_files/bag/Mitgliederliste.pdf

Nr.	Einrichtung	Ansprechpartner	Anschrift	Telefon	E-Mail
1.	Lebenshilfe Berlin gGmbH	A. Simon-Sack	10179 Berlin, Heinrich-Heine-Str. 15	030 - 829 998 172	
2.	Albatros-Lebensnetz gGmbH	Annette Vliesak	13053 Berlin, Anna-Ebermann Straße 26	030 - 986 970 41	
3.	AWO Betreuungsdienste gGmbH	Annika Gantikow	14662 Friesack, Marktstr. 35	033 235 - 22 980	
4.	Wohnhaus Tandem	Elfi Ruzanska	21035 Hamburg, Walter Becker Str. 10	040 - 735 094 35	
5.	Marie Christian Heime, Familienhaus	Ulrike Marschall	24146 Kiel, Rönner Weg 75	04 31 - 780 11 49	
6.	Caritas Altenoythe e.V., Offene Dienste	Helmut Strey	26169 Friesoythe, Heinrich v. Oytha str.	044 91 - 938 866	
7.	Lebenshilfe Bremen e.V., Familienhilfe	S. Bargfrede	28217 Bremen, Waller Heerstraße 55	04 21 - 387 77 67	
8.	Universität Bremen, Fachbereich 12	Dr. U. Pixa-Kettner	28334 Bremen, PF 330 440	04 21 - 218 6 9308	
9.	Lebenshilfe Celle gGmbH, ABW	A. Hentschel	29227 Celle, Alte Dorfstraße 4	051 41 - 997 227	
10.	Bundesverband behinderter u. chronisch	K. Blochberger	30519 Hannover, Am Mittelfelde 80	0511 - 696 32 56	
11.	Bethel, Eltern-Kind-Einrichtung	Petra Thöne	33604 Bielefeld, Am Ellenkamp 21	0521 - 329 71 466	
12.	Kaiserswerther Diakonie, BW "Eltern nicht behindern"	Christina Dick	40489 Düsseldorf Geschwister Aufricht Str. 2	0211 - 409 31 19	
13.	Lebenshilfe Dortmund gGmbH	Heike Düchting Birgit Landjey	44135 Dortmund, Brüderweg 22-24	0231 - 138 891 21	
14.	MOBILE – Selbstbestimmtes Leben	Ulla Riesberg	44147 Dortmund, Steinstraße 9	02 31 - 477 321 623	
15.	SKF Wesel e.V., St. Josefs-Haus	A. Muskatewitz	46485 Wesel, Am Birkenfeld 14	02 81 - 952 380	
16.	Jugend- und Behindertenhilfe Michaelshoven gGmbH	Jutta Kotter Petra Grützmann	50999 Köln, Pfarrer-Re Str. 1	02 21 - 294 55 26	
17.	Lebenshilfe Frankfurt e.V., Ambulante FH	Alexandra Roth	60327 Frankfurt, Hohenstaufenstr. 8	069 - 747 4990	
18.	Intern. Bund, Behindertenhilfe Frankfurt	Martina Hansel	60413 Frankfurt, Ostendstraße 83	069 - 707 925 19	
19.	Betreutes Wohnen Darmstadt	Thomas Mesdag	64283 Darmstadt, Elisabethenstr. 29	06151 - 397 27 770	
20.	Diakon. Stetten, Betr. Wohnen in Familien	Anne Winkler	71386 Kernen, Postfach 1240	071 51 - 940 21 35	
21.	Bruderhaus Diakonie Amb. Dienste BWF	Rita Kappes Susanne Traber	72262 Reutlingen, Unter den Linden 15	07121 - 325 992 12	
22.	St. Gallus Hilfe Aalen	Dagmar Starz	73431 Aalen, Hirschbachstrasse 60/1	073 61 - 560 717	
23.	St. Gallus Hilfe BWF	Regine van Aken	88212 Ravensburg, Friedhofstrasse 11	0751-977 123 106	
24.	Ev. Stiftung Hephata Wohnen gGmbH	Jochen Amesink	41065 Mönchengladbach, Gustav-Wagner-Weg 4	02161 - 246 182	
25.	CJG Hermann-Josef-Haus	Simone Höfer Inkeri Oettermann	53177 Bad Godesberg, Dechant-Heimbach-Str. 8	0228 - 951 3423	
26.	Nieder-Ramstädter Diakonie, Betreutes Wohnen	Christiane Fruh	64367 Mühltal, Stiftstr. 2	06151/1494208	christiane.fruh@nrd-online.de
27.	Lebenshilfe Hannover	Ingrid Lichtenberg	30449 Hannover, Charlottenstr. 1	0511/2133879	
	Saale Betreuungswerk der Lebenshilfe Jena	Sabine Jahn	August-Bebel-Str. 24, 07743 Jena	03641 / 4613-0	

Lebenshilfe Oberhausen	Ulrike Brand		u.brand@lszo-igna.de
	Frau Six, Frau Huy	46145 Oberhausen, Steinbrinkstr. 269	0208/ 6253768	birgit_six@yahoo.de
			0178/ 8194114	um@lebenshilfe-oberhausen.de
Diakonie Himmelsthür	Björn Manken	30659 Hannover, Podbielskistr. 348	0511/ 64060890	bjoern.maenken@dw-hi.de
	Sigrid Jahnel			sigrid.jahnel@dw-hi.de
Gemeinnützige Gesellschaft des ASB mbH	Anke Baumann	18109 Rostock, Schleswiger Str. 6	0381/ 7785048	marlene-pauline@asb-rh.de
	Doreen Gattermann			

Printed in Poland
by Amazon Fulfillment
Poland Sp. z o.o., Wrocław